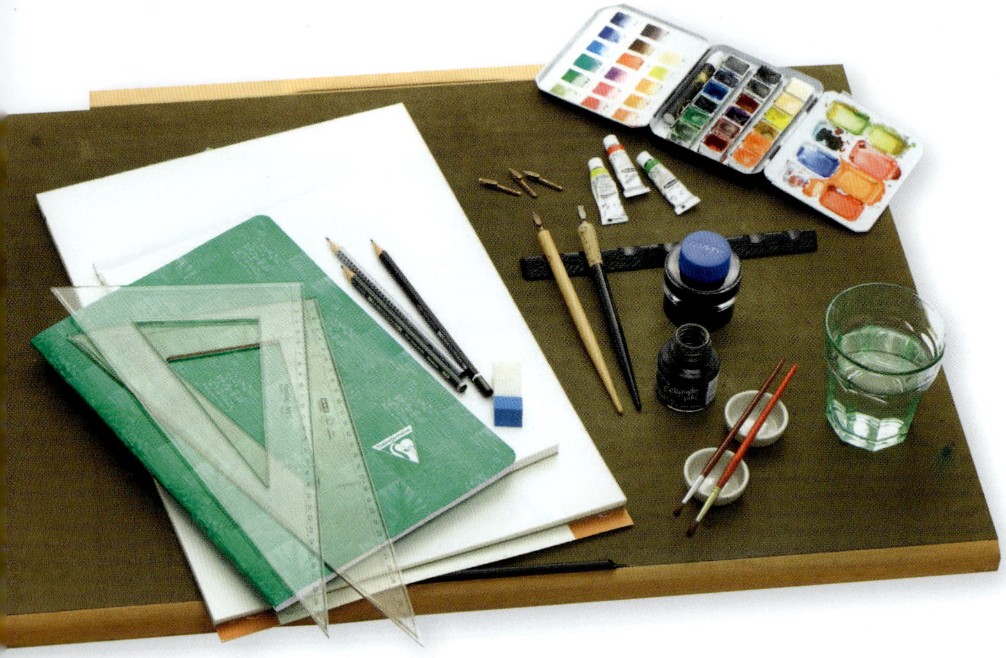

Tipp

Später macht ein Brett Sinn, das Sie, mit einem Buch unterlegt, als schräge Arbeitsfläche einsetzen können.

Liegt Ihr Papier direkt auf der Tischoberfläche, zum Beispiel auf einem Holztisch auf, werden Sie feststellen, dass sich die Maserung des Holzes eventuell im Strich abbildet (→ Seite 8). Nehmen Sie daher eine weiche Unterlage, das kann eine glatte Pappe, zur Not auch eine Zeitung sein.

Die Grundausstattung

Ein wesentlicher Vorteil des Kalligraphierens besteht darin, dass Sie nur wenige, leicht zu beschaffende Materialien benötigen. Neben den bereits im Set mitgelieferten Materialien, der Bandzugfeder in der Breite 2 mm mit übergeschobenem Reservoir, dem Federhalter aus geöltem Holz und der schwarzen Tinte im Gläschen, ist folgende Grundausstattung empfehlenswert:

- glattes Aquarellpapier (Skizzen- oder Studienqualität) mit einem Gewicht von 120 bis 190 g/m². Alternativ können Sie auch ein unliniertes Schulschreibheft in der Größe DIN A4 verwenden (→ mehr Informationen zu Papieren auf Seite 7),
- einen Bleistift (HB, B oder 2B), Lineal und Radiergummi,
- für Variationen: Bandzugfedern in unterschiedlichen Breiten (zum Beispiel 1,5 und 2,5 mm),
- Aquarellfarbe in Tuben oder Näpfchen nach Ihrer Wahl. Zum Anrühren der Farbe benötigen Sie ein kleines Palettengefäß. Gute Dienste leisten hierbei auch alle nicht saugenden Materialien wie Plastikdöschen, Dosendeckel oder Glasplatten,
- einen runden Naturhaarpinsel Größe 4 oder 6 in Schulqualität,
- ein standsicheres Wassergefäß.

Die Bandzugfeder

Schreibwerkzeuge für die Kalligraphie gibt es viele: angefangen von einfachen und speziellen Filzstiften über Federkiele bis hin zu den Stahlfedern in verschiedensten Varianten. Die von uns in den Mittelpunkt dieses Buches gestellte Bandzugfeder besteht aus zwei Teilen: der eigentlichen Feder und dem darüber geschobenen Reservoir. Dieses hat die Aufgabe, immer etwas Schreibflüssigkeit (Tinte, Tusche, Aquarellfarbe usw.) auf der Feder vorrätig zu halten.

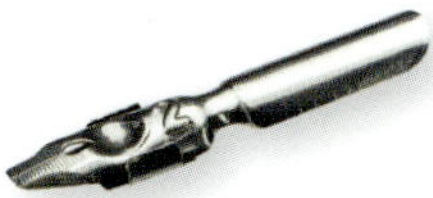

Bandzugfeder in der Breite 2 mm

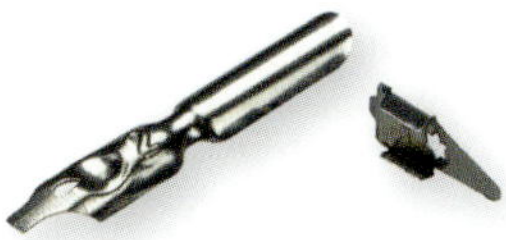

Feder und Reservoir

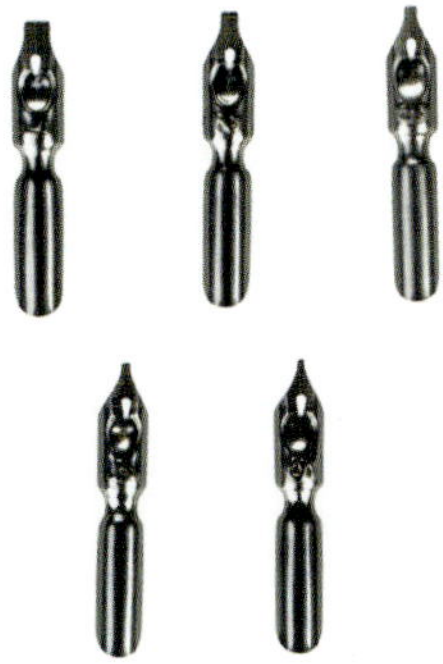

Bandzugfedern in unterschiedlichen Breiten

Der Federhalter

Zu Beginn empfehle ich eine Bandzugfeder mit einer Breite von zwei Millimetern (oder breiter) und einen geeigneten Federhalter dazu.
Der im Set enthaltene Federhalter hat einen runden Kunststoffeinsatz, der fest im Halter steckt. Es gibt auch Federhalter mit rundem Blecheinsatz, die herausgezogen werden können. Dieses Blechröhrchen, das normalerweise jedoch im Halter stecken bleibt, ist an einer Seite offen, auf der anderen Seite verhindert ein kleiner Haken das Herausfallen des Röhrchens. Betrachten Sie einen Holzfederhalter mit Blecheinsatz von vorne oder von der Seite, dann können Sie am äußeren Ring die offenen Stelle sehen.

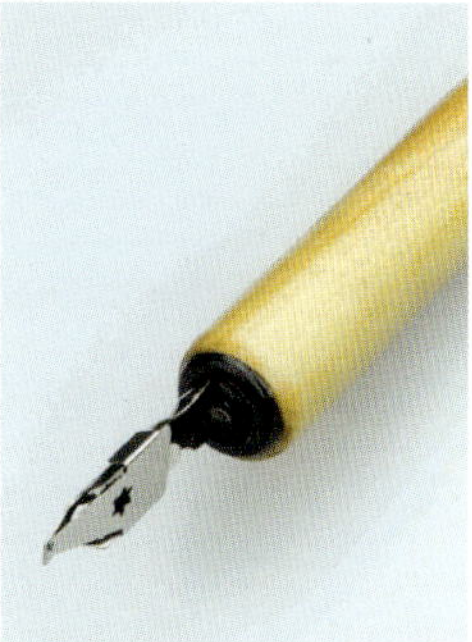

Bandzugfeder an der Rundung entlang eingesetzt

Das Einsetzen der Feder

Stecken Sie nun die Feder an der Rundung entlang in den Einsatz. Bei einem Federhalter mit Kunststoffeinsatz können Sie die Feder an jeder beliebigen Stelle in der äußeren Rundung schnell und einfach einstecken. Bei einem Blecheinsatz geht es am leichtesten die Feder an der offenen Stelle des Blecheinsatzes einzustecken, gegenüber am schwersten. Auf diese Weise können Sie beim Bleicheinsatz den festen Verbund von Feder und Halter ein wenig steuern.
Danach werden Feder und Reservoir aufeinander abgestimmt, das heißt, das Reservoir wird solange auf der Feder verschoben, bis die Spitze genau auf dem Spalt der Feder sitzt und etwa 1 mm hinter der Federkante.

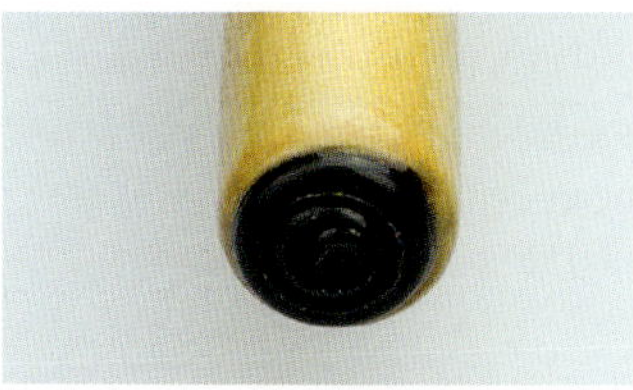

Federhalter mit Kunststoffeinsatz

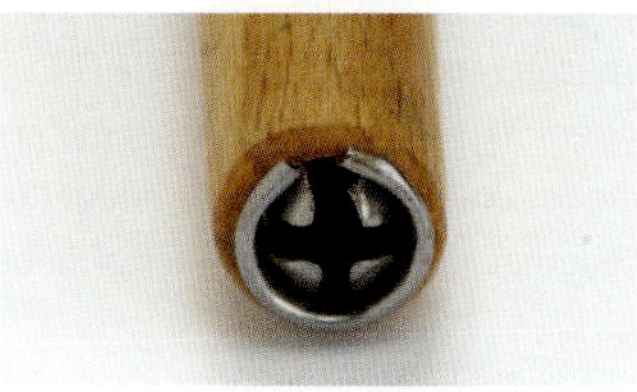

Federhalter mit Blecheinsatz

Tipp

Passen Sie beim Einsetzen der Feder immer darauf auf, dass Sie sie nicht in den offenen Kreuzschlitz in der Mitte des Federhalters einsetzen, dort hat sie keinen guten Halt.

Vorbereitung zum Schreiben

Tipp
Wenn Sie auf dem Flohmarkt oder in einem alten Schreibwarengeschäft derartige Federn entdecken, greifen Sie zu, da sie meist von guter Qualität sind.

Bis in die Mitte des 20. Jahrhunderts gab es eine reiche Auswahl an Federn. In meinem Federsortiment habe ich einige solcher historischen Schreibfedern. Sie wurden früher en gros, also 144 Stück pro Gebinde, vertrieben. Diese Federn waren Qualitätswerkzeuge und sind heute noch nutzbar (sofern sie nicht verrostet sind). Aktuell ist das Federsortiment im deutschsprachigen Raum eher eingeschränkt und folgt teilweise auch optischen Kriterien, die oft der Funktion und Qualität schaden.

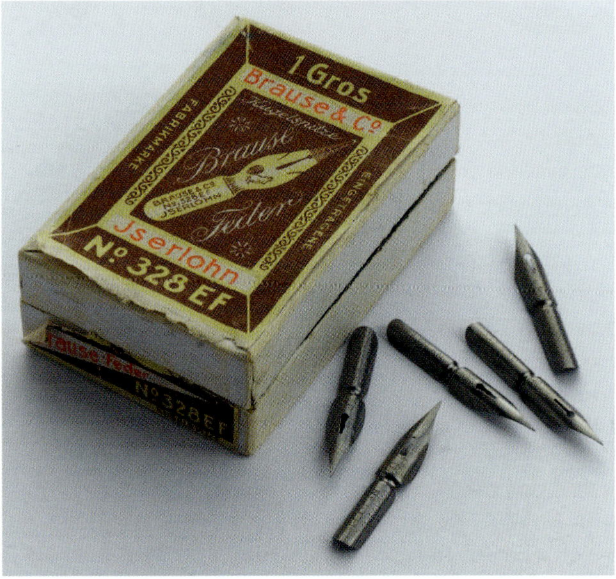

Historisches Federgebinde

Das Entfetten der Feder
Um einen ungehinderten Farbfluss zu gewährleisten, muss die Feder fettfrei sein. Neu gekaufte Federn sind produktionsbedingt oft mit einem feinen Ölfilm überzogen. Dieser muss vor dem Gebrauch entfernt werden. Halten Sie dazu die Feder etwa zwei Sekunden lang in eine Feuerzeugflamme, nicht länger, sonst glühen sehr schnell die Kanten ab, besonders bei kleinen und spitzen Federn. Drehen Sie die Feder dabei halb um ihre Achse.
Alternativ nehmen Sie Wasser mit etwas Geschirrspülmittel und waschen die Feder ab. Möchten Sie Federn für längere Zeit lagern, können Sie die Federn mit einem öligen Tuch abreiben und so vor Rost schützen.

Das Befüllen der Feder

Um zu schreiben, benötigt die Feder eine geeignete Schreibflüssigkeit (siehe Seite 6). Wie kommt diese auf die Feder? Hier gibt es zwei Möglichkeiten, die sich grundsätzlich unterscheiden. Entweder tauchen Sie die Feder in die Flüssigkeit ein oder Sie befüllen das Reservoir mithilfe eines kleinen Pinsels. Achten Sie beim Eintauchen genau darauf, dass die Feder tief genug aber nicht zu tief eingetaucht wird, da sich sonst das Holz des Federhalters mit Farbe vollsaugen und Ihre Finger verschmutzen kann und somit Ihr Blatt gefährdet ist. Nichts ist ärgerlicher als ein Schmierfleck auf einer sauber angelegten Arbeit!
Für welche der beiden Methoden Sie sich auch entscheiden mögen, achten Sie in jedem Fall darauf, nach dem Befüllen der Feder auf einem Beiblatt kurz anzuschreiben, um die Überschüssige Tinte und anhängende Tropfen zu beseitigen.

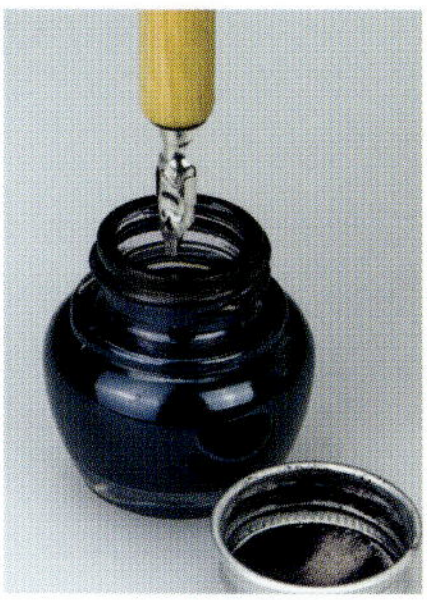
Eintauchen der Feder in die Flüssigkeit

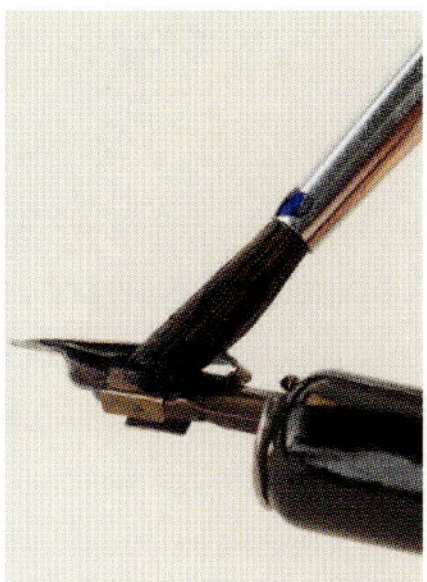
Befüllen der Feder mit einem kleinen Pinsel

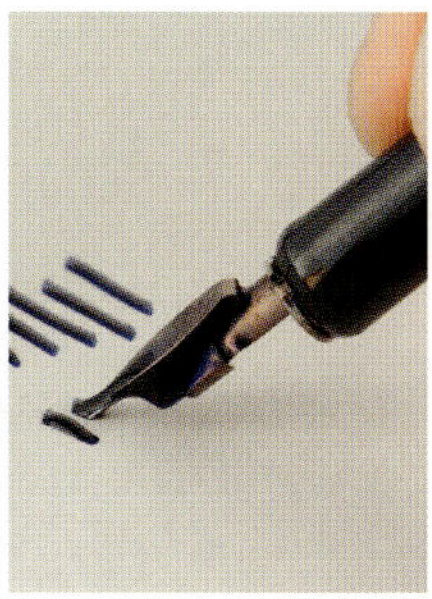
Anschreiben der Feder auf einem separaten Stück Papier

Tipp

Bunt lackierte Holzfederhalter sollten Sie nach Gebrauch sorgfältig trocknen und Wasserreste ausklopfen. Das Holz quillt sonst und lässt die Lackierung abplatzen. Unter Umständen können Ihnen dann Lacksplitter in Ihre Arbeit fallen und die Schrift verwischen. Ist bereits Lack abgesplittert, können Sie auf das trockene Holz eine Öllasur oder einen geeigneten Lack auftragen.

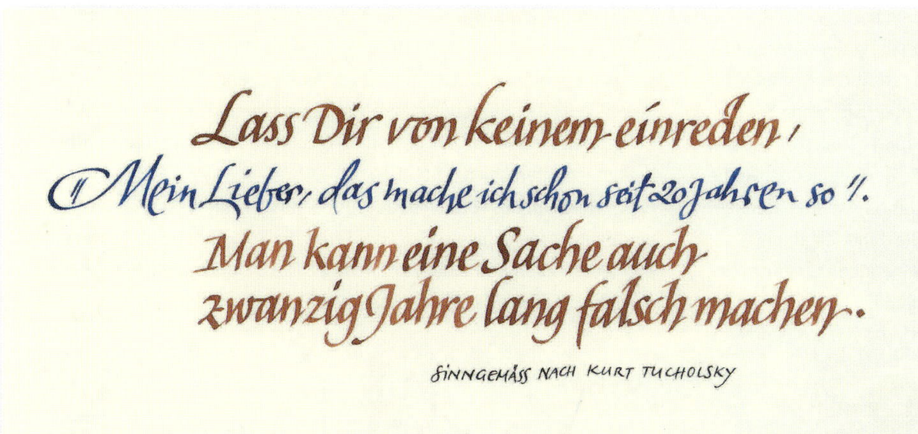

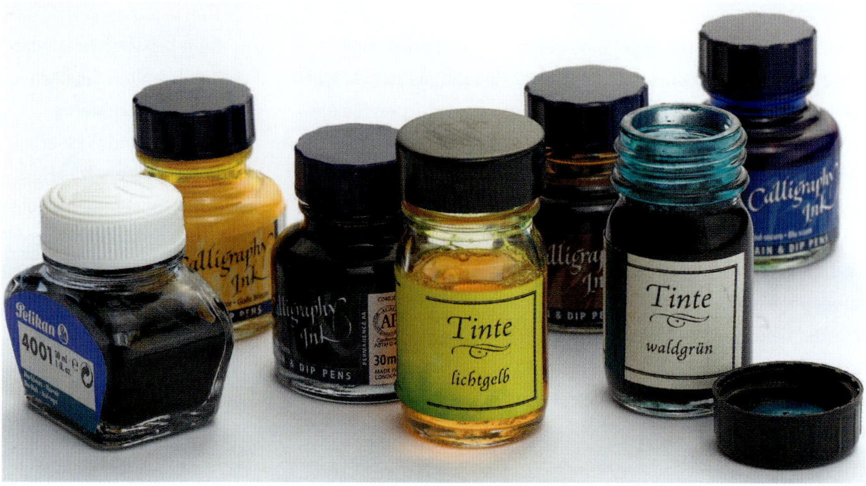

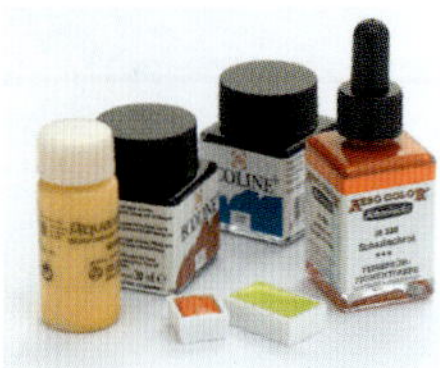

Verschiedene Schreibflüssigkeiten

Tinte, Tusche & Co

Ist die Feder schreibbereit, brauchen Sie als nächstes eine Schreibflüssigkeit. Dazu eignen sich Tinten, Tuschen und mit Wasser angerührte Aquarell- oder Temperafarbe. Tusche und Acrylfarbe verkleben die Feder und müssen in kurzen Intervallen immer wieder ausgewaschen werden. Sie trocknen wasserfest auf und eignen sich vor allem, wenn sie anschließend mit Farben über die Schrift malen wollen oder der Anspruch besteht, dass die Arbeit am Ende wasserfest sein soll.

Tipp

Eine brauchbare Vorstellung der Konsistenz angerührter Farben haben Sie, wenn Sie an Kondensmilch denken. Farben sind jedoch keine Nahrungsmittel, denken Sie daher an einen sorgsamen Umgang mit ihnen.

Was unterscheidet Tusche, Tinte und Aquarellfarbe?

Tinte ist ein flüssiges Farbmedium, das keine Pigmentanteile enthält. Die Farbe ist vollständig gelöst. Tinte trocknet transparent, lässt sich mit Wasser wieder anlösen und ist meist nicht lichtbeständig.

Dagegen ist das Bindemittel der Tusche nach dem Trocknen wasserfest und bindet deren feine Farbkörper – die Pigmente – dauerhaft. Die Lichtbeständigkeit ist unterschiedlich.

Aquarellfarben aus Näpfchen oder Tube müssen mit Wasser so weit verdünnt werden, dass sie aus der Feder fließen können. Sie bestehen aus Pigmentanteilen und einem Bindemittel. Die Lichtbeständigkeit ist unterschiedlich, jedoch deutlich besser als bei Tinte.

Das richtige Papier

Das Papier, auf das Sie mit Tinte schreiben, sollte eine gewisse Festigkeit haben. Die meisten normalen Kopierpapiere haben diese Festigkeit nicht. Die Folge: Die Tinte fließt aus. Besorgen Sie sich im Fachhandel gute Papiere von Markenherstellern. Das können glatte Aquarellpapiere und Skizzen- oder Studienpapiere mit guter Oberflächenqualität sein. Achten Sie darauf, dass das Flächengewicht mindestens 120 g/m² beträgt (das bedeutet, ein Quadratmeter dieses Papiers wiegt 120 g, besser mehr). Zum Vergleich: normales Kopierpapier wiegt 80 g/m². Der Fachhandel hält oft Muster bereit, auf denen Sie mit Ihrem Füller probieren können.

Jedes Papier verhält sich beim Schreiben anders; mit wachsender Erfahrung wird es Ihnen immer leichter gelingen, für die unterschiedlichen Schreibaufgaben das dafür geeignete Papier auszuwählen. Denken Sie daran: Die richtige Auswahl des Papiers hat entscheidenden Anteil am Gelingen eines Schriftblattes.

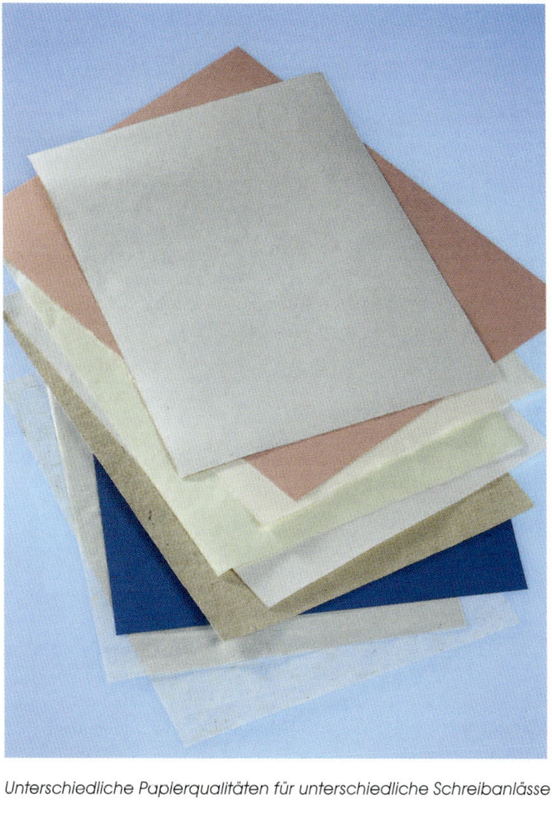

Unterschiedliche Papierqualitäten für unterschiedliche Schreibanlässe

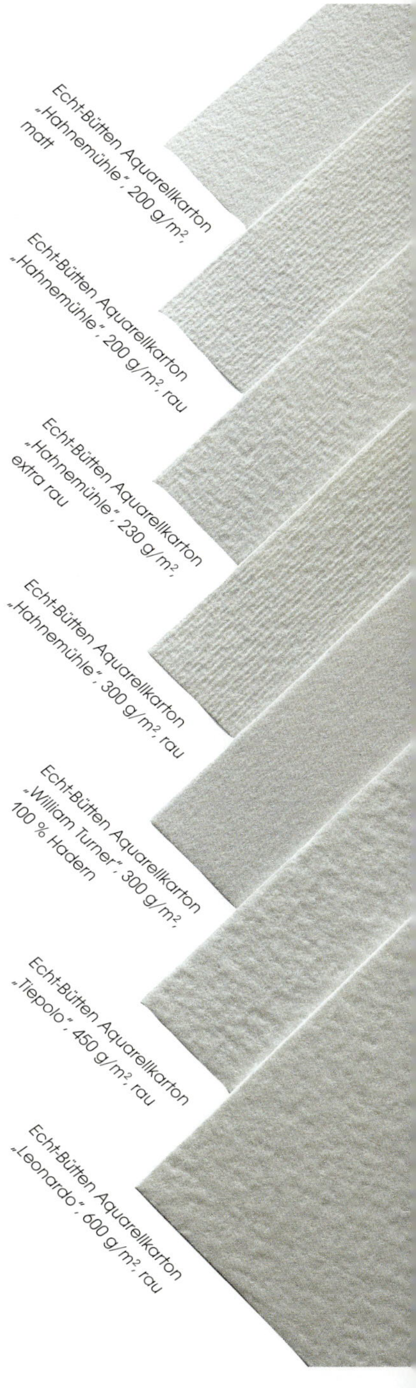

Erste Schritte

Jeden Tag schreiben Sie unzählige Male Striche, ohne weiter darüber nachzudenken. Briefe, Notizen, Einkaufszettel, Tabellen. In der Kalligraphie kommt nun etwas Neues hinzu: sich über den Strich bewusst zu werden. Und sofort stellen sich die ersten Fragen:

- Mit welchem Stift schreibe ich?
- Welche Richtung hat der Strich?
- Welche Größe hat der Strich?
- Wo fange ich überhaupt an?

Die Hardware, also alle Ausrüstungsgegenstände, die Sie zum Kalligraphieren benötigen, ist relativ einfach gestrickt. Im Grunde brauchen Sie nur etwas, auf dem Sie schreiben, zum Beispiel ein Blatt Papier und etwas, womit Sie schreiben, beispielsweise einen Stift, eventuell auch eine Feder, dann kommt die Tinte als verbindendes Element ins Spiel. Die Software ist unser Kopf in Abstimmung mit Hand und Augen. Darum geht es hier – diese Software zu programmieren.

Tipp

Um zu vermeiden, dass sich die Maserung des Holzes Ihres Arbeitstisches eventuell im Strich abbildet, legen Sie Ihr Papier auf eine weiche Unterlage. Das kann eine glatte Pappe, zur Not auch eine Zeitung sein.

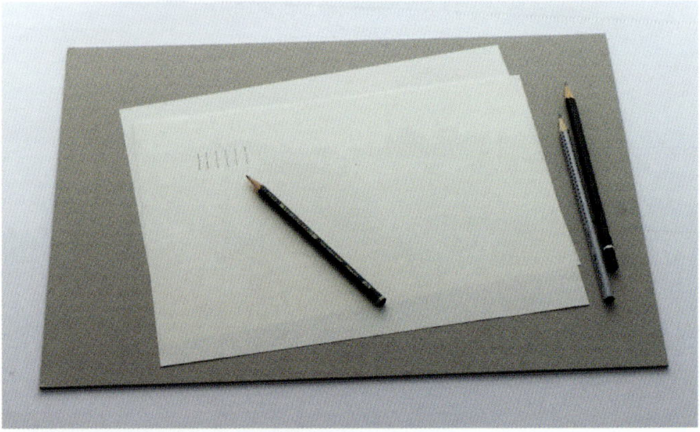

Für die ersten Übungen ist nicht viel Material erforderlich.

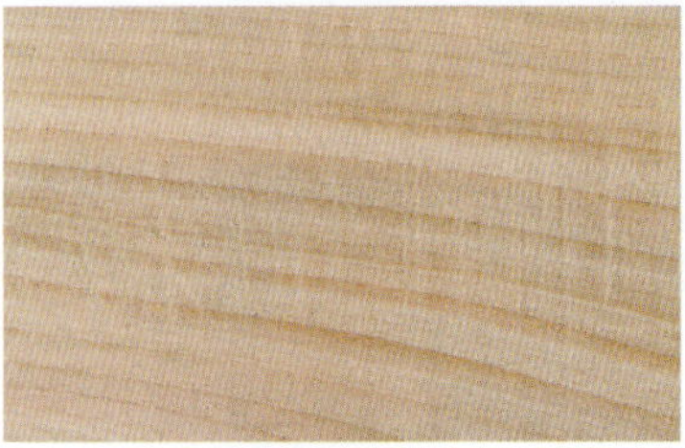

Die Maserung des Holzes ...

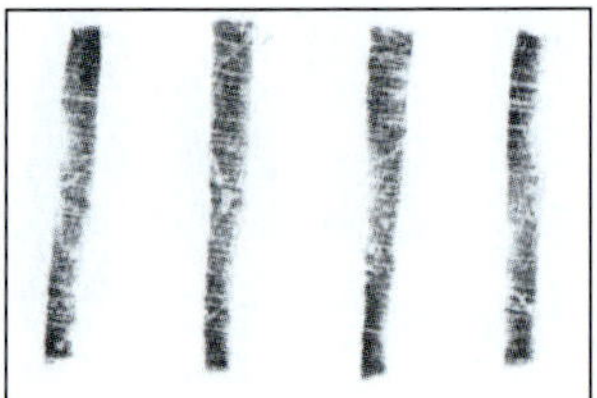

... kann sich im Strich abbilden.

Der Gleichzugstrich

Legen Sie Ihr Blatt, am besten in DIN-A4-Größe, vor sich auf den Tisch. Nehmen Sie es quer, dann können die Zeilen länger werden. Sie möchten auf kariertem Papier üben? Bitte nicht! Verwenden Sie weder liniertes noch kariertes Papier, Auge und Hand haben sonst ein Raster und lehnen sich gemütlich zurück. Alles wird diesem Raster untergeordnet und Sie lernen nichts aus dieser Übung.

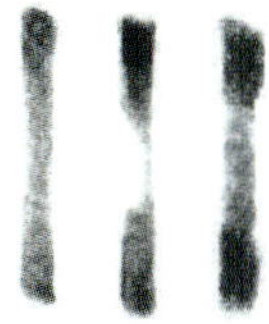

Vermeiden Sie einen abrupten Druckwechsel.

Druck verstärken und vermindern

Mit dem Bleistift zu beginnen, ist die einfachste Möglichkeit. Der Bleistift sollte nicht zu hart und nicht zu weich sein – B oder 2B sind richtig. Dann legen Sie fest: Der Strich wird senkrecht und etwa so hoch, wie Sie normalerweise schreiben. War's das schon? Natürlich nicht, jetzt nehmen Sie sich vor, den Strich mit Druck auf den Stift bzw. das Papier zu beginnen und in der Bewegung nach unten mit dem Druck wieder nachzulassen. Zum Ende des Striches hin verstärken Sie den Druck abermals und schließen den Strich mit Druck ab. Damit erreichen Sie, dass der Strich Spannung bekommt und seine Enden eine klare Fixierung.

Verfahren Sie zur Abwechslung auch umgekehrt, das heißt, Sie beginnen den Strich ohne Druck und verstärken ihn zur Mitte hin. Vermeiden Sie einen abrupten Druckwechsel.

Tipp

Diese Übungen funktionieren genauso gut mit einem Buntstift.

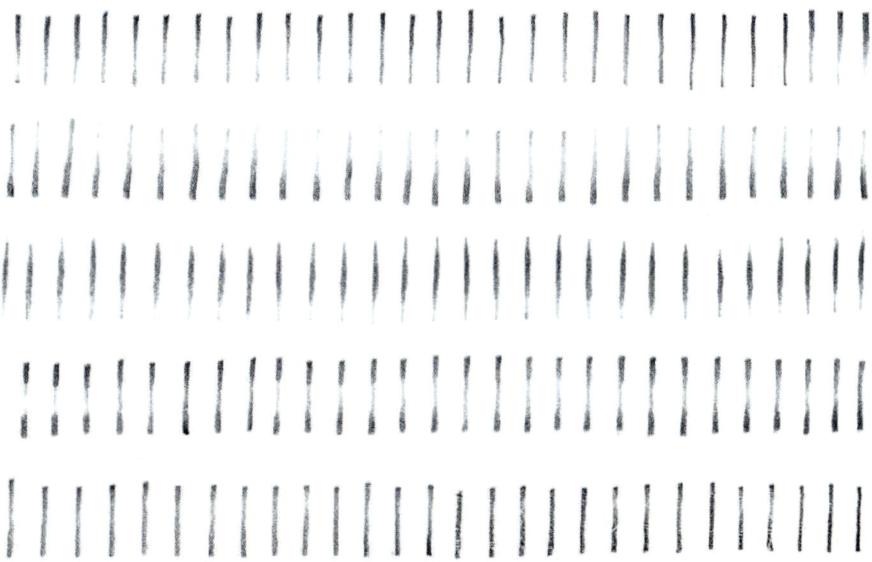

Verändern Sie immer wieder den Druckbereich im Strich.

Buchstaben- und Zeilenabstände

Wiederholen Sie den Strich mit etwas Abstand (etwa halbe Strichhöhe) neben dem ersten. Der dritte Strich birgt schon wieder eine Frage: Halte ich jetzt den gleichen Abstand ein wie zwischen dem ersten und zweiten Strich? Versuchen Sie es.

Ihre erste Zeile hat Sie nun schon ziemlich in Atem gehalten – wo beginnen? Dann die Sache mit dem Druck, der spannungsvolle Strich also; wie viel Abstand zum nächsten Strich? Bleiben Sie waagerecht auf der Zeile? Haben Ihre Striche annähernd dieselbe Höhe? Vielleicht sind Sie im Moment ganz froh, dass Sie vorerst nur mit dem Bleistift üben. Die Frage, an welcher Stelle Sie mit den Strichen beginnen sollen, ist einfach zu beantworten: Meiden Sie die linke obere Ecke, dort starten Sie vielleicht beim Einkaufszettel – für diese Übung bewegen Sie sich von der linken, oberen Ecke aus gesehen weiter zur Mitte hin und lassen am Ende der Zeile auch Platz zum rechten Blattrand. Damit üben Sie, späteren kalligraphischen Arbeiten Raum auf dem Blatt zu geben.
Die nächsten Zeilen können Sie beispielsweise ungefähr im Abstand der Strichhöhe beginnen. Achten Sie darauf, dass der Strich dieselbe Höhe hat wie in der ersten Zeile.

Tipp

Unterschiedliche Papiersorten und Buntstifte bringen Farbe und Leben in diese Übung.

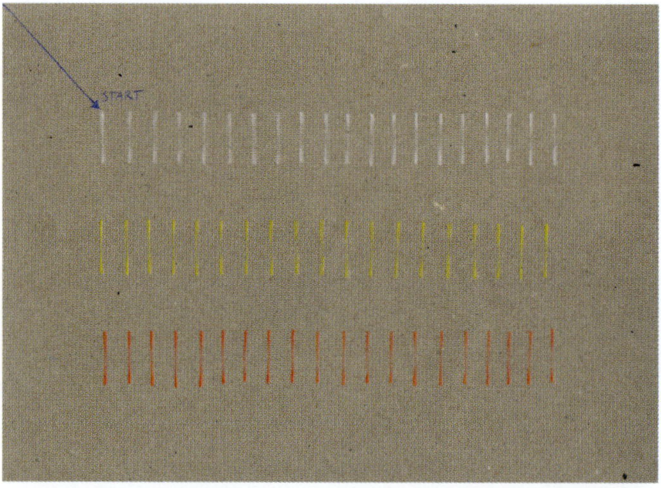

Mit den Abständen spielen

Wenn Sie an diesen Übungen Spaß finden, dann versuchen Sie doch einmal den Abstand zwischen den Strichen sehr knapp zu halten. Empfinden Sie umgekehrt die Übung als anstrengend, fangen Sie bitte nicht an, die Abstände zwischen den Strichen größer zu machen, um schneller fertig zu werden. Belassen Sie es in diesem Fall bei einer oder zwei Zeilen.

Beginnen mit dem Strich

Sie können diese Übung mit wenig Aufwand ganz schnell wiederholen – kurz, immer und überall. Sie brauchen nur einen Bleistift und ein Blatt Papier. Wenn Sie Lust haben, sich zwischendurch an Buchstaben zu versuchen – tun Sie es einfach, das gehört dazu. Holen Sie sich Anregung aus den späteren Kapiteln. Übung ist wichtig! Flöte lernen Sie auch nicht durch das bloße Betrachten der Noten. Sie müssen schon selbst spielen oder frei nach Leonard Bernstein:

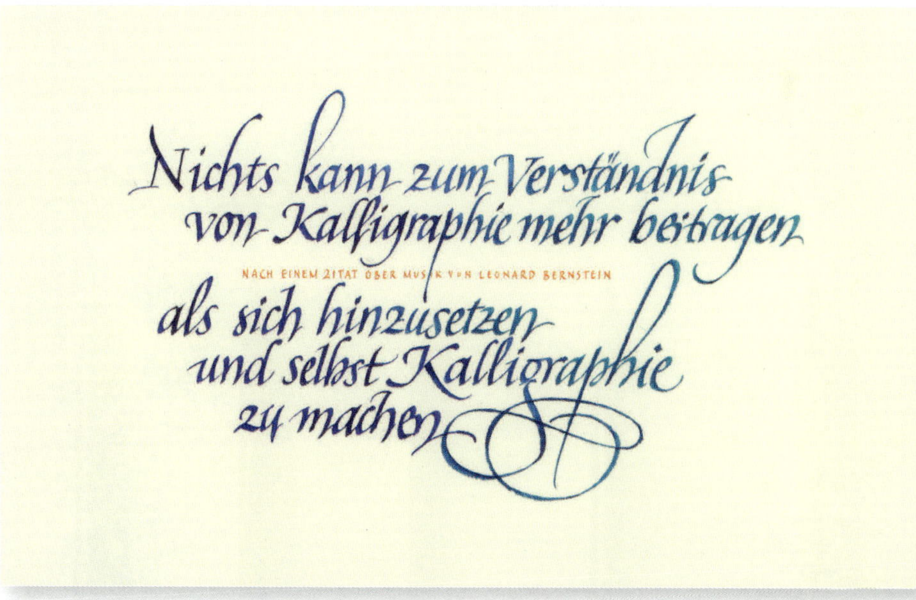

Wichtige Vorarbeiten

Sie fragen sich vielleicht, warum diese ersten Übungen hier so genau und bis ins Detail beschrieben werden. Auch das ist eine Besonderheit dieses Buches und die Antwort ist einfach: Weil Sie, wenn Sie mit dem Kalligraphieren beginnen, ohne diese Vorbereitung das alles auf den Vorlagen und Abbildungen in diesem Buch kaum wahrnehmen können. Zudem ist eine meiner Erfahrungen nach über 20-jähriger Seminartätigkeit, dass es genau diese Fragen sind, die immer wieder auftauchen. Arbeiten Sie sich dann im Buch voran und schreiben schließlich mit der Feder, sind mit dieser einfachen Bleistiftübung schon viele Fragen vorweggenommen. Sie haben dann den Vorteil, bereits dafür geübt zu haben, so dass Sie sich auf die ureigensten Probleme in der Handhabung der Feder konzentrieren können. Es geht hier also bereits um die „Programmierung der inneren Software“.

Die Grafik kennt, bedingt durch unterschiedliche Schreibwerkzeuge, ganz verschiedene Stricharten. Den Gleichzugstrich mit dem Bleistift haben Sie bereits kennen gelernt. Diesen Strich, der in jede Richtung in derselben Breite verläuft, erzeugen auch Kugelschreiber, rund gefasste Faserschreiber und die Schnurzugfeder (auch Gleichzug-, Ornament- oder Redisfeder), die viele noch aus dem Kunstunterricht kennen. Der Pinsel ist das flexibelste Werkzeug und hinterlässt als normaler Pinsel mit runder Zwinge einen gleichförmigen Strich, der sich jedoch durch Druck leicht modulieren lässt. In der fernöstlichen Kalligraphie ist der Pinsel ein weit verbreitetes Werkzeug, das in diesem Buch jedoch keine Rolle spielt.

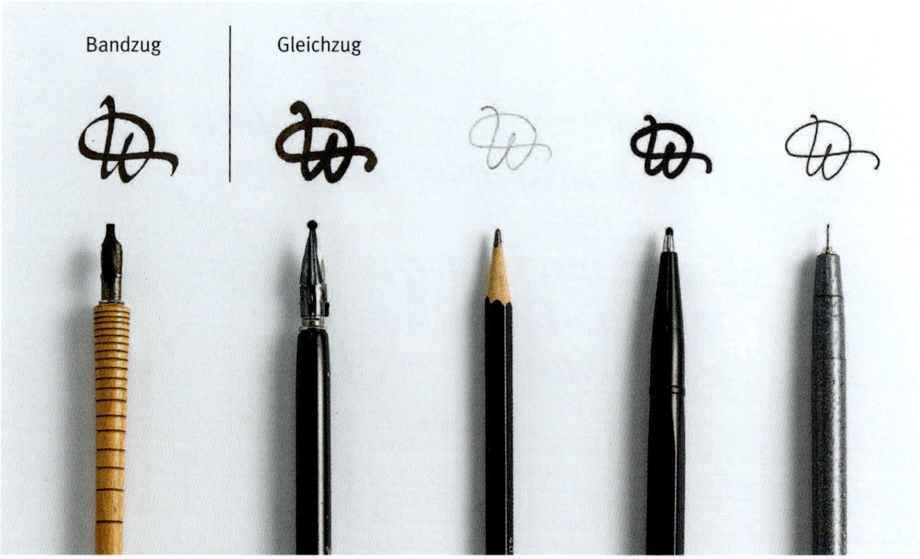

Der Wechselzugstrich

Der klassische Strich unserer (westlichen) Kalligraphie ist der Bandzugstrich. Bedingt durch die spezielle Form des Schreibwerkzeuges entsteht ein Strich, der je nach Schreib- oder Zugrichtung eine andere Strichbreite zeigt. Für das Arbeiten in diesem Buch werden wir als Werkzeug die Bandzugfeder verwenden. Warum? Die Antwort darauf lässt sich vielleicht anhand eines weiteren Vergleichs darstellen: Der Bandzugstrich verhält sich zum Gleichzugstrich wie das Geschenkband zur Paketschnur.

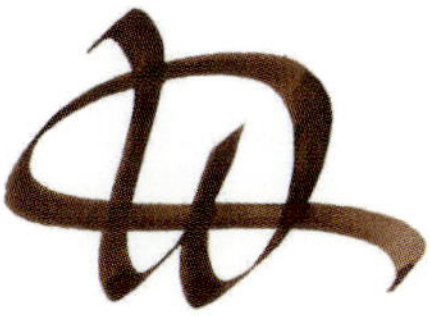

Der Bandzugstrich

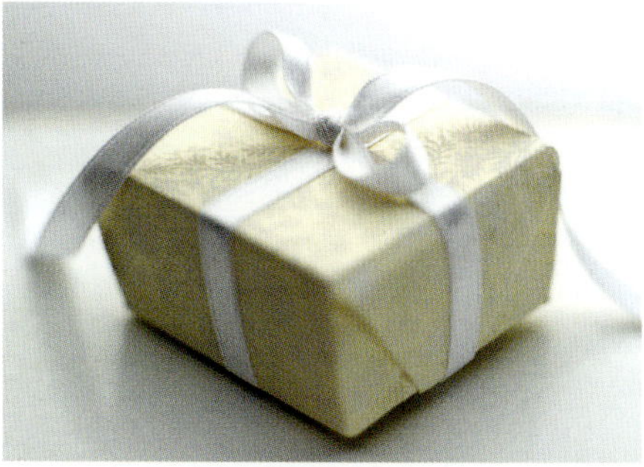

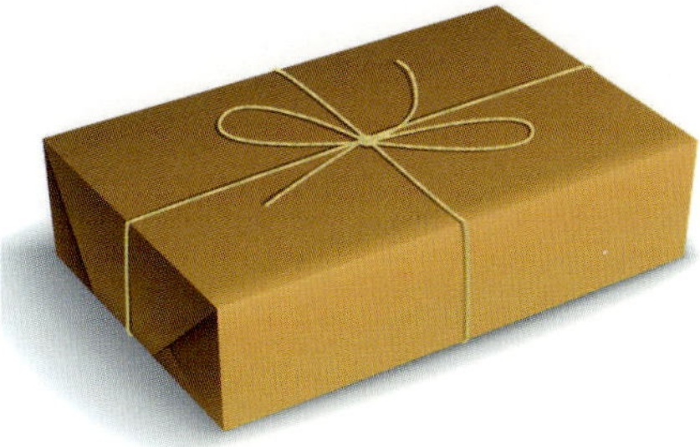

Die kunstvolle Schleife erscheint uns aussagekräftiger als die sachliche Paketschnur

Die richtige Handhaltung

Der Federhalter liegt beim Rechtshänder locker auf dem vorderen Glied des Mittelfingers auf, Zeigefinger und Daumen fixieren ihn dort ebenfalls locker – kleiner Finger und Ringfinger liegen auf der Schreibfläche. Halten Sie den Federhalter in einem Winkel zur Schreibfläche, der weder zu steil noch zu flach ist. Sollten Sie über eine verstellbare Schreibfläche verfügen, kommt eine leichte Schrägstellung der Oberfläche der steileren Federhaltung entgegen, mit der schärfere Ansätze und mögliche Federmanipulationen besser gelingen. In diesem Buch habe ich jedoch – abgesehen vom Schreiben mit und ohne Druck – weitgehend auf Manipulationen der Feder zugunsten der Klarheit der Strich- und Buchstabenformen verzichtet.

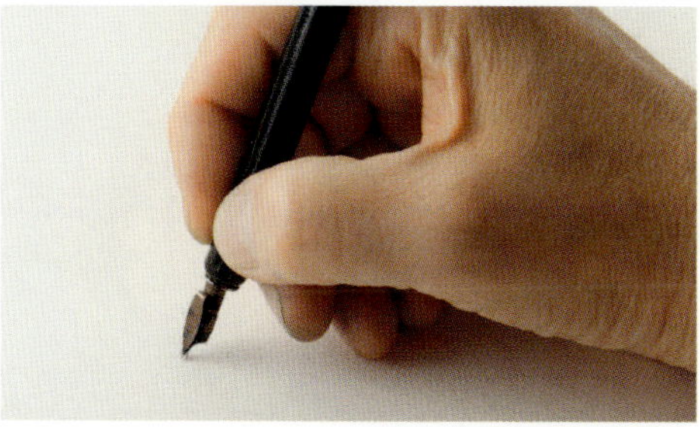

Die steile Federführung

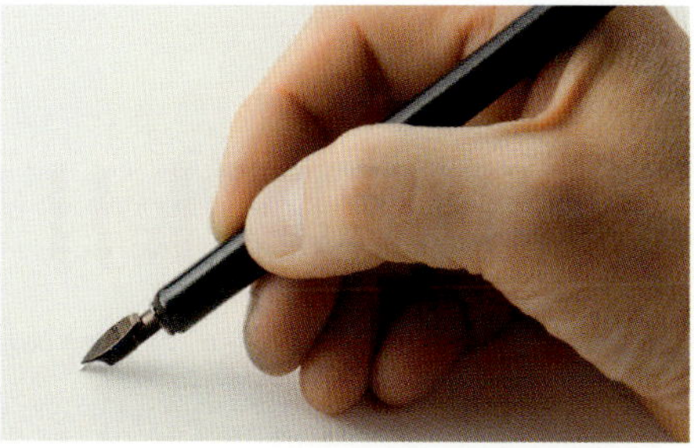

Die flache Federführung

Erste Striche mit der Feder

Nun sind Sie bereit für die Arbeit mit der Feder. Achten Sie beim Eintauchen der Feder ins Tintengläschen darauf, den Federhalter nicht in die Tinte einzutauchen. Alternativ dazu können Sie auch ein offenes Schälchen gerade so viel mit Tinte oder Farbe befüllen, dass der Federhalter frei davon bleibt, wenn Sie die Feder eintauchen, oder Sie befüllen das Reservoir mit einem Pinsel (→ siehe Seite 3). Legen Sie ein Beiblatt bereit, auf dem Sie Ihre Feder anschreiben und von Tropfen befreien können, bevor Sie auf Ihr sauberes Kalligraphieblatt wechseln.

Wie bei der Übung mit dem Bleistift arbeiten Sie noch ohne Linien. Setzen Sie die mit Tinte oder Tusche befüllte Feder auf das Papier und versuchen Sie, einfach einen senkrechten Strich zu ziehen.

Tipp

Stichwort „ziehen“: Die einzelnen Striche der Buchstaben in der Kalligraphie werden in der Regel gezogen. Mit fortschreitender Übung und Schreibgeschwindigkeit werden Sie allerdings erleben, dass bestimmte Striche, die geschoben werden, das Schriftbild auflockern.

Eine vorbereitende Übung: Setzen Sie die Federkante parallel zur Horizontalen und ziehen Sie einen senkrechten Strich daraus. Sie werden sehen, die Feder erzeugt einen Strich in voller Federbreite. Beim nächsten Strich drehen Sie die Federkante um etwa 10 Grad gegen den Uhrzeigersinn. Nun hat der Strich schon weniger Volumen und das Ende des Strichs wird schräg. Wiederholen Sie diesen Vorgang, setzen Sie einen Strich neben den anderen und drehen Sie dabei die Feder immer um 10 Grad weiter, bis die Federkante parallel zur Senkrechten steht. Dieser letzte Strich ist haarfein – ein Haarstrich.

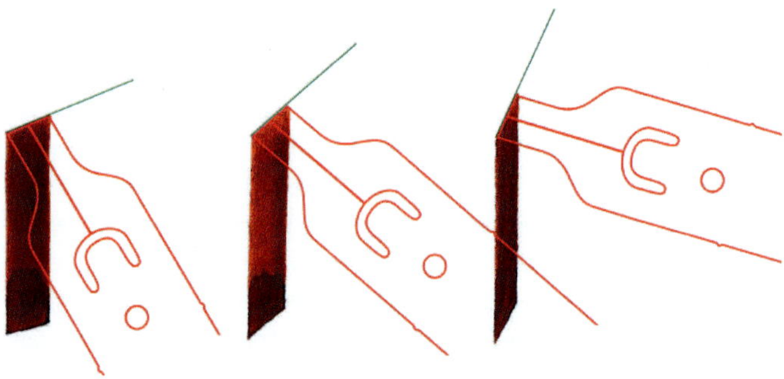

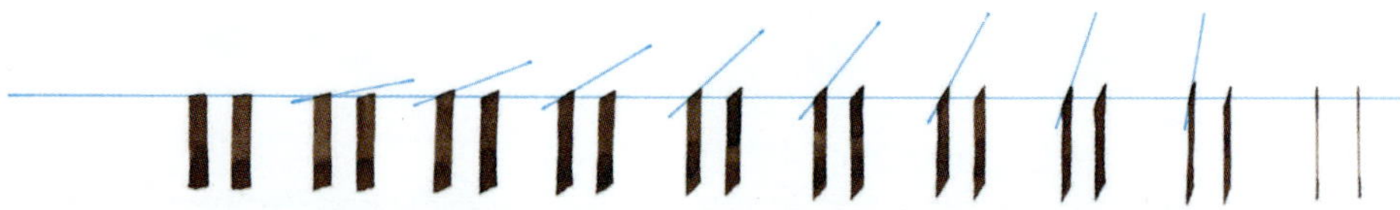

Von voller Federbreite bis Haarstrich – die Drehung des Federansatzes

Der Druck auf die Feder

Es ist für den Schreibprozess nicht förderlich, eine Feder, die beim Schreiben per se den Strich verändert, auch noch durch Drehen ständig zu variieren. Für die folgende Übung setzen Sie die Federkante mit einem Neigungswinkel von ca. 30 bis 35 Grad aus der Waagerechten auf das Papier. Legen Sie, wie in der Bleistiftübung (→ siehe Seite 9), eine Zeile mit senkrechten Strichen an und erweitern Sie dies in der nächsten Zeile.

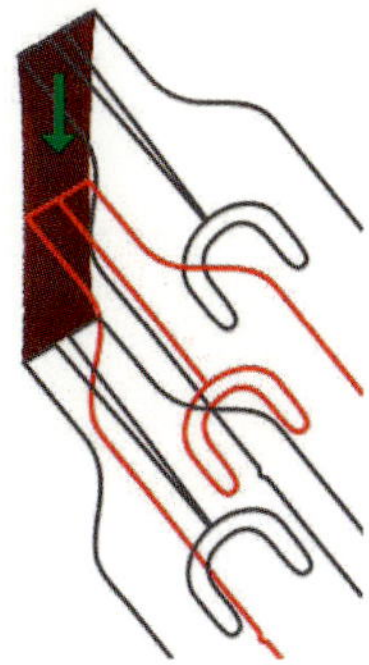

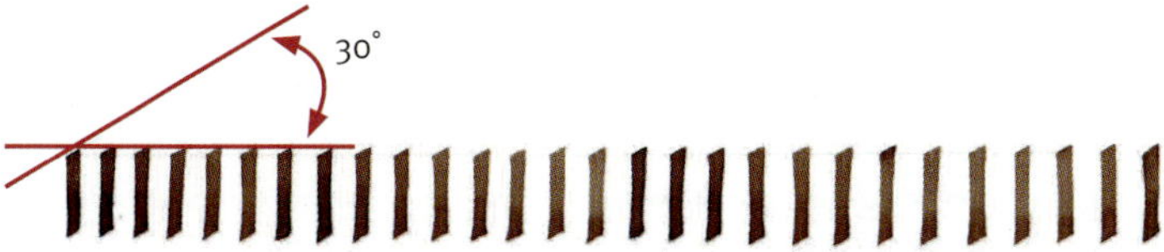

Beginnen Sie jetzt den Strich mit Druck, lassen Sie zur Strichmitte hin nach und bauen Sie den Druck zum Ende hin wieder auf. Wie in der vorangegangenen Bleistiftübung variieren Sie jetzt die Druckzonen. Die Feder hat von Natur aus einen Spalt, der bis unter das Reservoir reicht. Durch Druck auf die Feder wird dieser Spalt etwas gespreizt. Das hat zur Folge, dass erstens die Farbflüssigkeit nachgezogen und zweitens der Strich breiter wird.

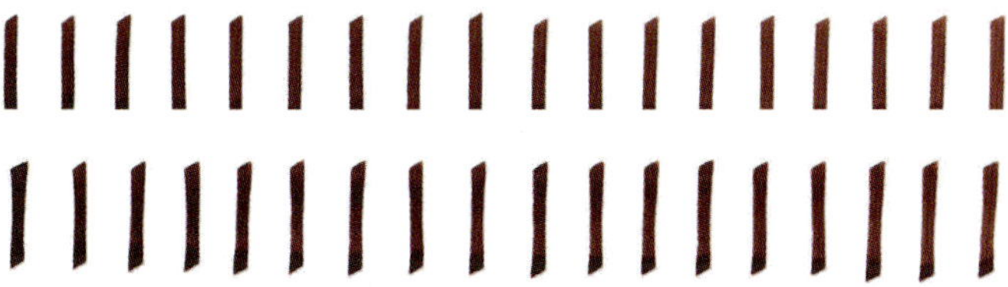

In der zweiten Zeile wird die Spannung im Strich spürbar.

Unregelmäßiges Schriftbild

Sind Sie zu einem späteren Zeitpunkt sicherer im Kalligraphieren, können unvollständige Buchstabenformen sogar zu einem Gestaltungsmerkmal werden. Sie entstehen, wenn auf sehr rauem Papier geschrieben wird.

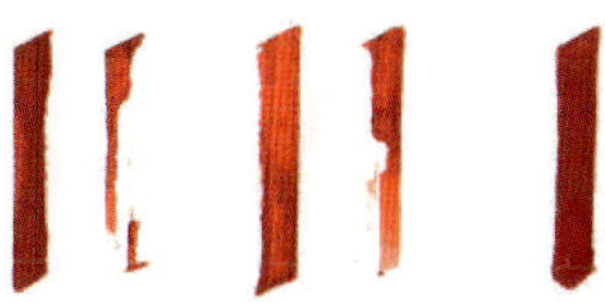

Strichbilder bei links bzw. rechts verkanteter Feder. Ganz rechts mit Abschlusstropfen nach eingetauchter Feder.

Das Strichbild auf rauem Papier zeigt sich offenporig, mit kleinen Lichtern vor allem im Randbereich des Strichs.

Tipp

Wenn die Farbe nicht fließen will oder der Strich nicht richtig auf das Papier kommt, prüfen Sie, ob die Federkante ganz auf der Schreibfläche aufliegt – rollen Sie den Halter zwischen Daumen und Zeigefinger, bis Sie fühlen, dass der Kippwiderstand am geringsten ist – wenn Sie sicher sitzen, schließen Sie eventuell die Augen und spüren in die Fingerkuppen, in den Tastsinn hinein. Spüren Sie, wie die Federkante voll aufliegt? Üben Sie diesen Vorgang mit möglichst breiten Federn. Verändert sich nichts, kann auch zu dicke Aquarell- oder Temperafarbe die Ursache sein.

Weitere Strichformen

Die nächste Übung schließt waagerechte Striche mit ein. Legen Sie drei bis vier davon in derselben Länge wie die senkrechten Striche übereinander. Versuchen Sie sich anschließend an diagonalen Strichen, der „Berg- und Taldiagonale“. Damit bezeichne ich Striche, die in Zeilenrichtung → „auf den Berg“ oder „ins Tal“ führen. So besitzt das N eine Tal-, das Z hingegen eine Bergdiagonale.
Nun haben Sie alle geraden Striche unter Kontrolle. Achten Sie immer darauf, Ihren gewählten Winkel für den Federansatz zwischen 30 und 35 Grad einzuhalten.

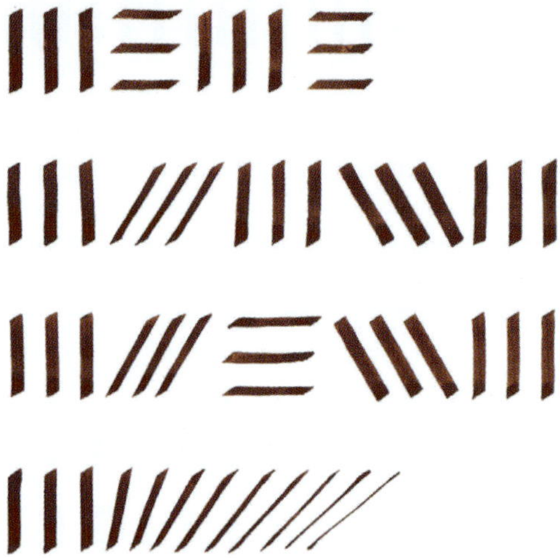

Horizontale und vertikale Striche variieren leicht in der Stärke. Die Diagonalen zeigen dagegen den vollen Kontrast vom Voll- bis zum Haarstrich.

Gerundete Strichformen

Eine weitere Übung widmet sich den gerundeten Strichen. Rundungen, ähnlich dem c und n, kommen leicht aus der Achse der Hand, die Gegenbewegung wie bei D und u stellt sich nicht so natürlich ein. Üben Sie beide Striche separat und im Wechsel und beobachten Sie dabei, wie sich die Strichbreite verändert. Voraussetzung ist, dass der Winkel der Federkante wiederum konstant gehalten wird.

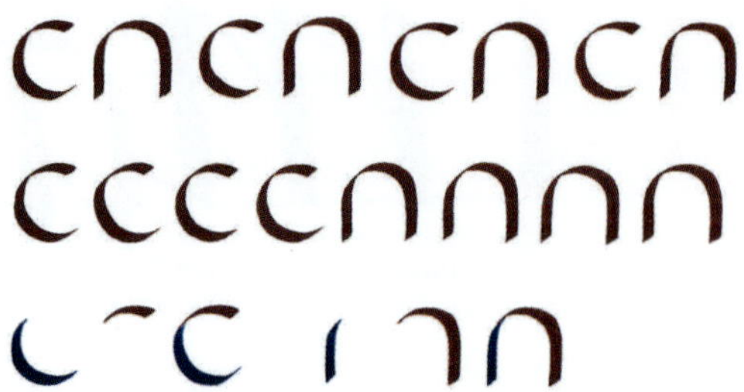

Runde Striche aus der Handachse

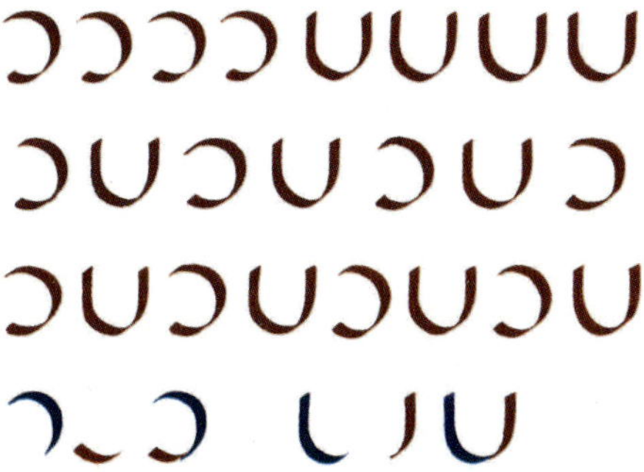

Runde Striche entgegen der Handachse

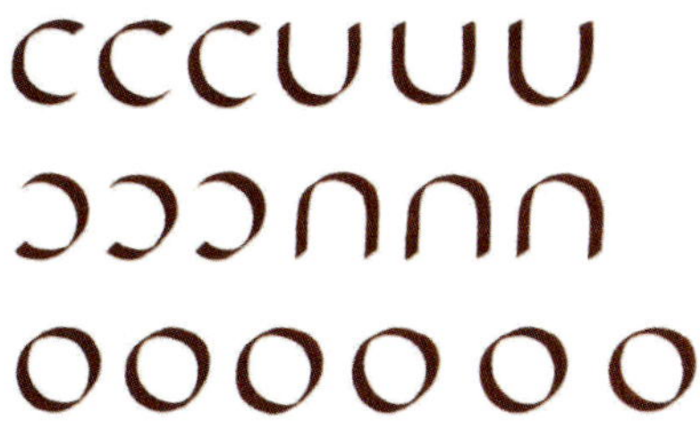

Alle runden Formen gemischt

Die Neigung

Die letzte Übung in diesem Kapitel bezieht sich auf die Neigung. Erinnern Sie sich an Ihre erste Übung: Schreiben Sie jetzt den Strich aber nicht senkrecht, sondern mit einer leichten Neigung nach rechts, etwa um 8 Grad aus der Senkrechten. Wiederholen und mischen Sie nun alle Übungsteile. Sie werden erkennen, dass bereits verschiedene Buchstabenformen auftauchen.

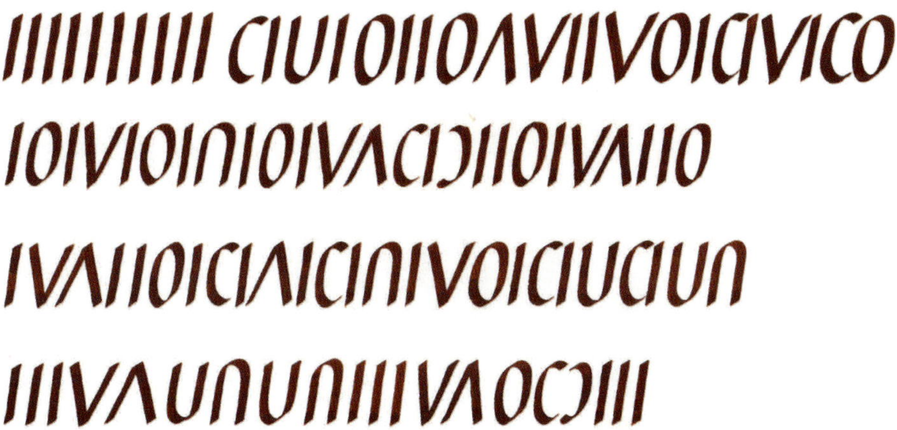

Alle Stricharten in kursiver Lage gemischt

Die Kleinbuchstaben

Nun sind Sie mit den Strichen bereits vertraut. Beginnen Sie jetzt mit der Formung der Kleinbuchstaben, also mit den Grundformen der so genannten Minuskel. Um das System kennen lernen zu können, reichen Ihnen vorerst drei Buchstaben aus dem Alphabet:
das o, das n und das a.
Wichtig ist, dass diese Buchstaben formal zueinander passen.
Der Einfachheit halber gehe ich zunächst von einer senkrechten Form aus. In der Grundform, die in etwa der im 19. Jahrhundert entwickelten englischen Foundational entspricht, geht der Schreiber von Quadrat und Kreis aus. Diese Minuskelform zeigt die Abhängigkeiten der Buchstabenbreiten zueinander.

Die Humanistische Kursive, deren Buchstabenformen Sie in den folgenden Kapiteln üben werden, ist dagegen eine so genannte „schmale“, also Platz sparende Schrift.

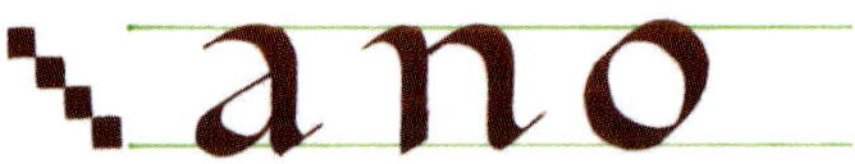

a, n und o in der Foundational

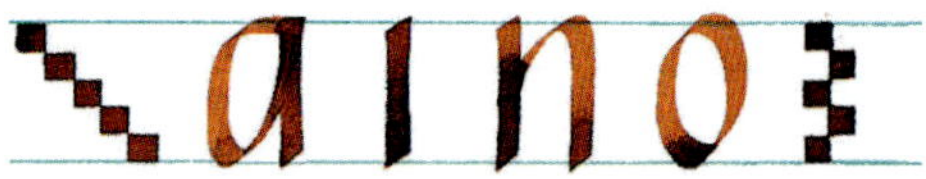

Senkrechte Grundform der Humanistischen Kursive

Ist in der Foundational das o ein Kreis, so ist es in der Kursive ein stehendes Oval in der Lage der Schriftneigung. n und a folgen dieser Breitenvorgabe.

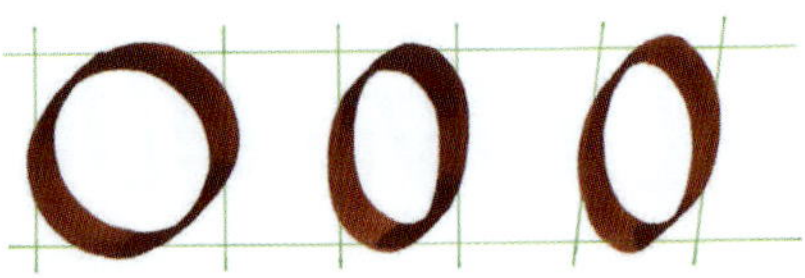

Grundform

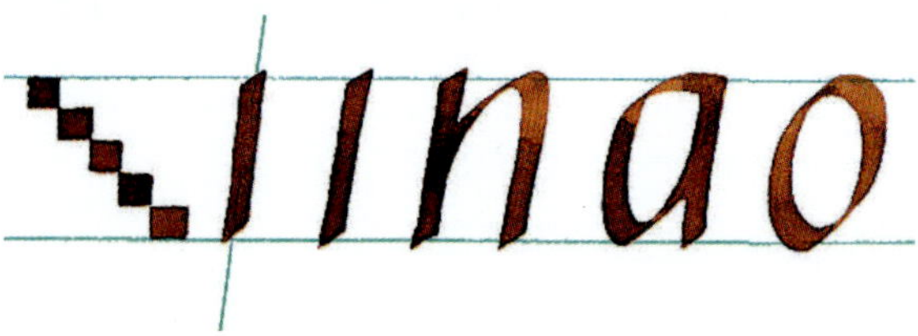

Geneigte Grundform der Humanistischen Kursive

Was bedeutet Kursive?

Eine andere Bezeichnung für Kursive ist Kurrentschrift, hier ist im Wortstamm deutlich zu erkennen, dass das Wort vom lateinischen „currere“ = laufen, in Bewegung setzen, stammt. Wenn Sie laufen möchten, neigen Sie sich leicht nach vorne, ein Fuß geht mit und nimmt die Dynamik auf. Auf ähnliche Weise nimmt die Humanistische Kursive mit ihrer Neigung Dynamik auf und bereitet optisches Tempo vor. Das ist jedoch nicht ihr Hauptmerkmal.

Eine wesentliche Besonderheit der Kursiven ist die Verbindungsoption der einzelnen Buchstaben im Wort.

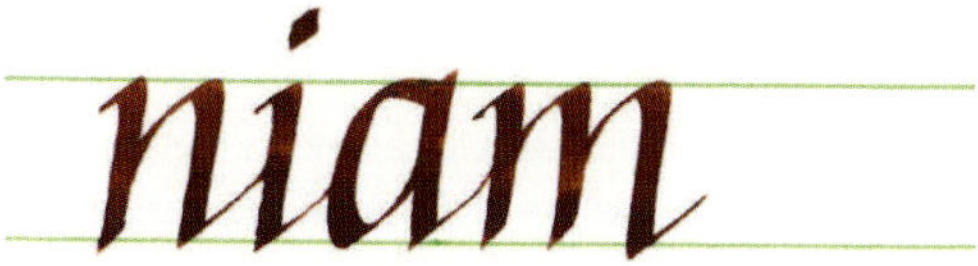

Verbundene Form der Humanistischen Kursive mit Serifen.

Erste Übungen

Versuchen Sie nun, wie in der Abbildung gezeigt, die drei Buchstaben mit der Feder zu schreiben. Für die hier gezeigte Ausgangsform schreibe ich die internen Verbindungsstriche so, dass sie aus bzw. in die Mitte des senkrechten Grundstriches zielen, jeweils mit einer leichten, die Form klärenden, runden Bewegung. Schreiben Sie das n in Arkadenform, das a in Girlandenform.

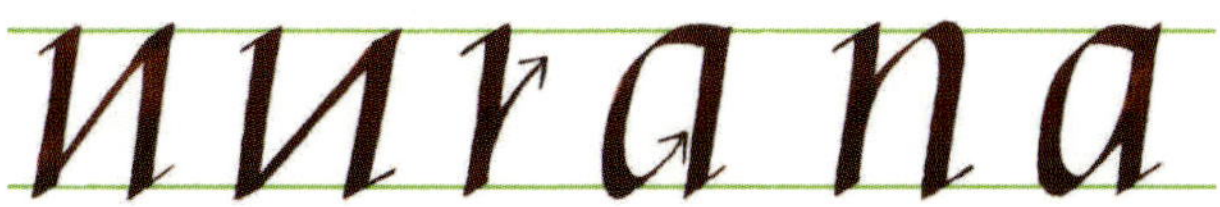

n oder u? Ordnen Sie durch leichtes Ausrunden des inneren Verbindungsstriches die größere Fläche zu.

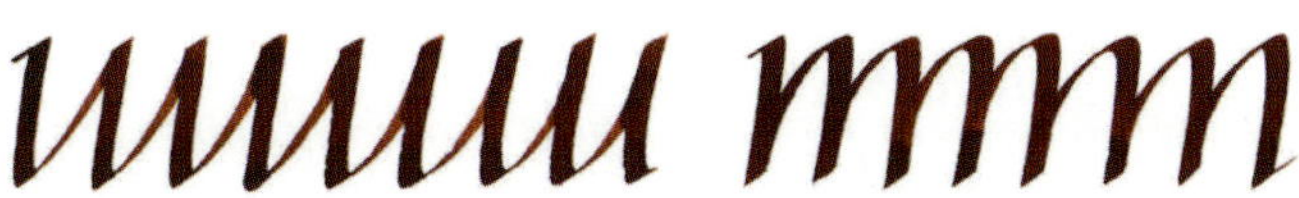

Die Girlanden- und Arkadenform können Sie in dieser Übung ausprobieren.

Wenn sich das Verhältnis von Buchstabenbreite zu -höhe am Goldenen Schritt orientiert, wirkt sich das harmonisch auf die Gestaltung aus. Mehr dazu auf Seite 47.

Tipp

Die Terminologie ist hier sprachübergreifend nicht eindeutig. Im englischen und amerikanischen Sprachgebrauch ist die Bezeichnung für kursive Schriften italic. Vorlagen mit der Bezeichnung cursive meinen meist verbundene bzw. Schulausgangsschriften.

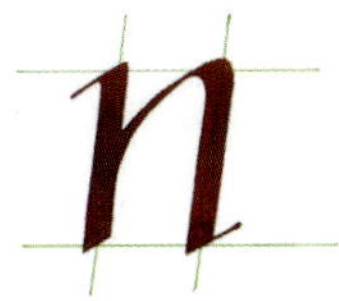

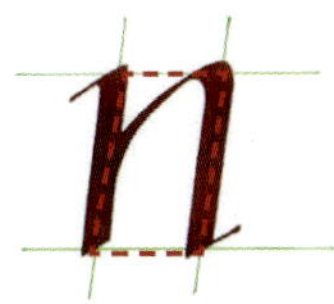

Das rot gestrichelte Parallelogramm im Verhältnis des Goldenen Schnitts dient als Raster für alle weiteren Buchstaben. Höhe = 1 cm zu Breite = ca. 0,6 cm.

Innere Verwandtschaft von Buchstaben

Buchstaben weisen untereinander eine bestimmte Beziehung – Verwandtschaft – auf, die sie als zusammengehörig kennzeichnet.

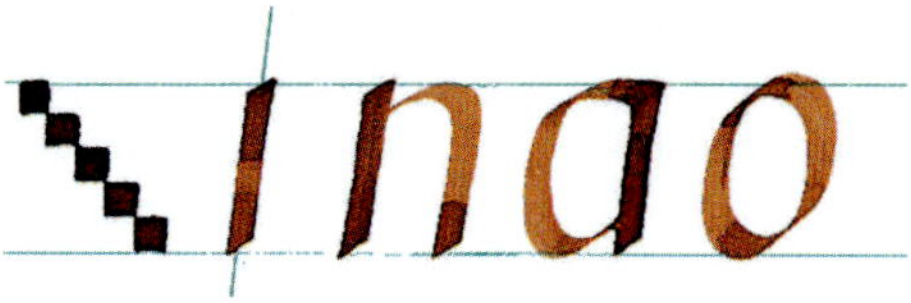

Eine Variante der Humanistische Kursive. Die Verbindung stößt fast waagerecht in den Stammstrich ein. Beachten Sie n und a.

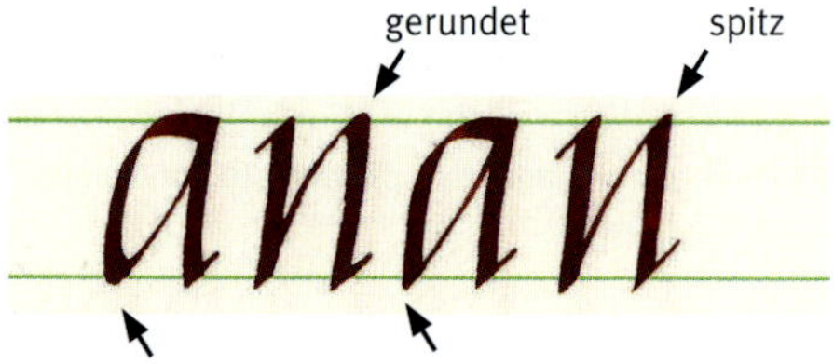

In dieser Form geht die interne Verbindung durch den ganzen Buchstaben. Der Federansatz beträgt etwa 45 Grad. Die erste Kombination mit gerundeten, die zweite mit spitzen Abschlüssen.

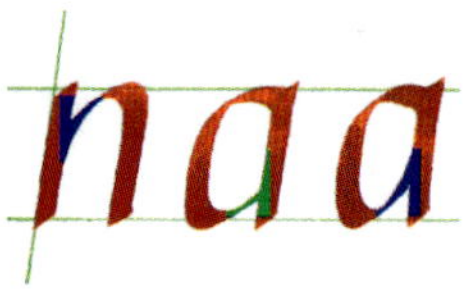

Sie können auch, wie in der Abbildung links gezeigt, aussehen und sind dann zwar jeder für sich formal korrekt, aber erst das zweite a passt zum n (blaue Markierung).

In meinen Kursstunden kann ich die Arbeiten der Teilnehmer natürlich jederzeit durchsehen und gelungene Formen auf dem Blatt hervorheben. Dieses Vorgehen ist im Rahmen dieses Buches leider nicht möglich. Wenn Sie also genug haben, hören Sie einfach auf und machen zu einem späteren Zeitpunkt weiter. Dieser Abstand gibt den Überblick zurück und hilft oft aus der Detailfalle. Üben braucht einfach Zeit.

Tipp

Achten Sie zwischendurch immer wieder auf den Ansatzwinkel Ihrer Federkante. Ist er noch so, wie Sie begonnen haben?

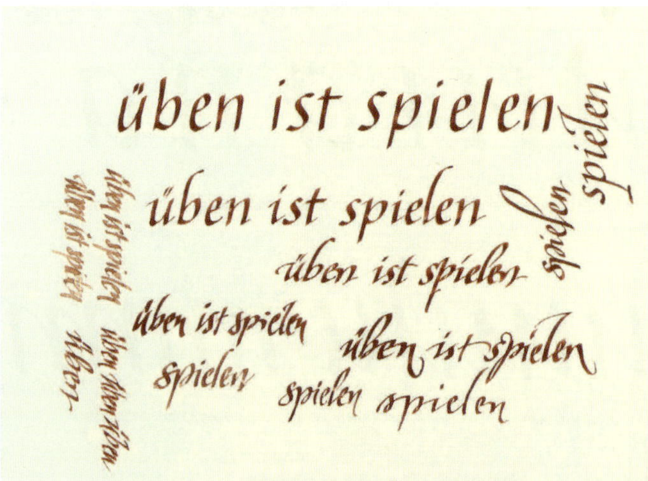

Ein Skizzenblatt. Üben ist ein Spiel mit den Formen.

Serifen

Um die formalen Aspekte der Grundfiguren dieser Schrift deutlicher herauszuarbeiten, habe ich bislang auf die Darstellung der kurzen Anfangs- bzw. Endstriche, die Serifen, verzichtet. Für mich erfüllen Serifen zwei verschiedene Funktionen: In den sehr formalen Minuskelschriften sehe ich darin eine Art Abstandshalter oder Puffer zwischen den Buchstaben. In den Kursiven oder Schreibschriften übernehmen sie hingegen die Funktion von Anbindungselementen zwischen den einzelnen Zeichen. Bei der Humanistischen Kursive, mit der wir uns hier vor allem beschäftigen, steht eher der kommunikative Aspekt, die Verbindungsfunktion zum nächsten Buchstaben, im Vordergrund.

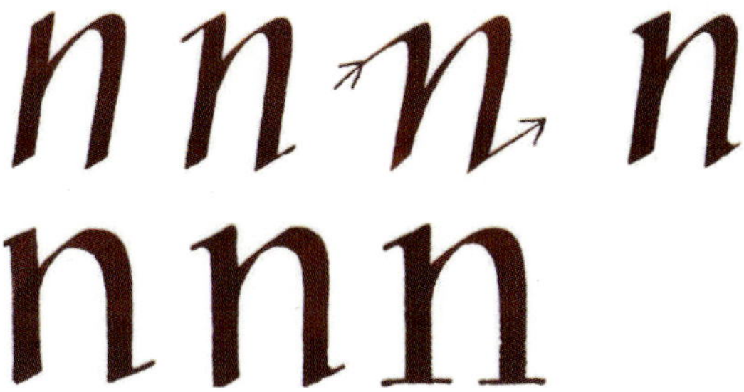

Serifen können Buchstaben anbinden oder abweisen.

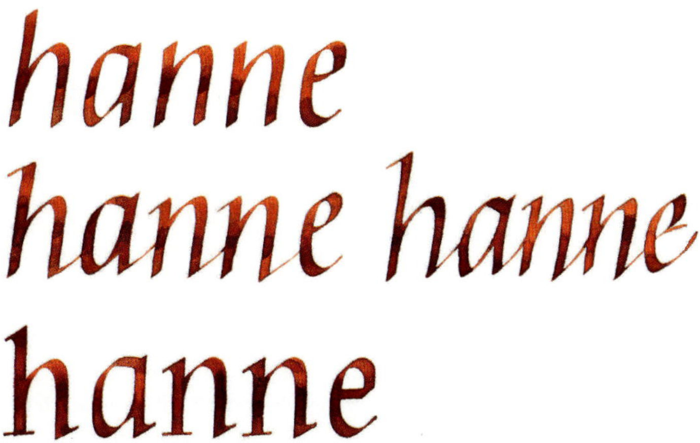

Dasselbe Wort, einmal ohne Serifen geschrieben (oben), in der Mitte mit Anbindungsserifen und unten mit Serifen, die hier jedoch eine Pufferfunktion übernehmen.

Die Schrifthöhe

Vielleicht haben Sie sich auch schon gefragt, wie hoch die Schrift eigentlich sein muss? Vier, sechs oder sogar zwölf Millimeter? Die Größe der Schrift bestimmen Sie am besten über das Verhältnis von Federbreite zu Schrifthöhe. Dies gilt übrigens für alle mit der Bandzugfeder geschriebenen Schriften.

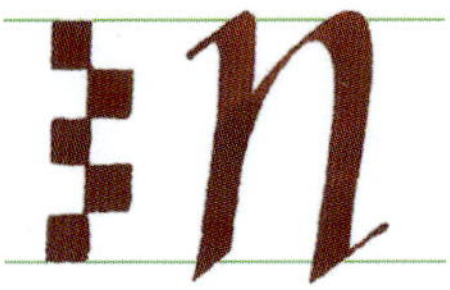

Mit dem Verhältnis 1 : 5 nimmt der Kleinbuchstabe n diese Form an.

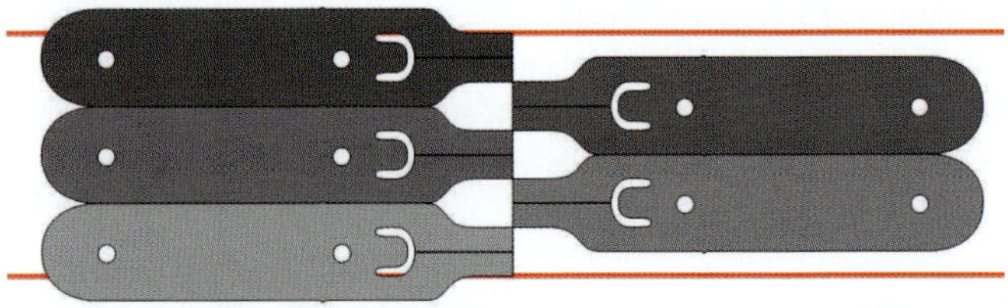

Das Verhältnis von Federbreite zur Höhe der Kleinbuchstaben

Nehmen Sie im Falle der Humanistische Kursive für die Grundform des n das Verhältnis 1 : 5 an, das führt zu einem gefälligen Schriftausdruck. Konkret heißt das: Ist Ihre Feder beispielsweise 2,5 mm breit, so ist die Schrift 12,5 mm hoch.

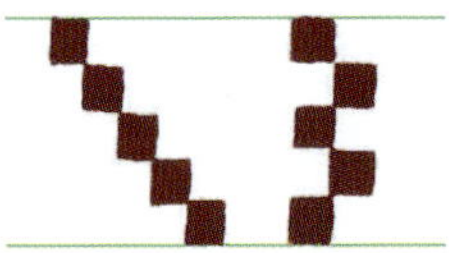

Zwei Versionen, um die Federbreiten abzutragen.

Die Linierung messe ich nur selten mit dem Lineal ab. Besser ist es, das Verhältnis mit der Feder auf dem Papier abzutragen. Dazu drehen Sie die Federkante parallel zur Senkrechten und schreiben nun fünf kurze, horizontale Striche versetzt untereinander, wie eine Treppe oder ein Ornament. Achten Sie darauf, dass sich die Ecken der Rechtecke exakt berühren, keinen Abstand haben, sich aber auch nicht überlagern.

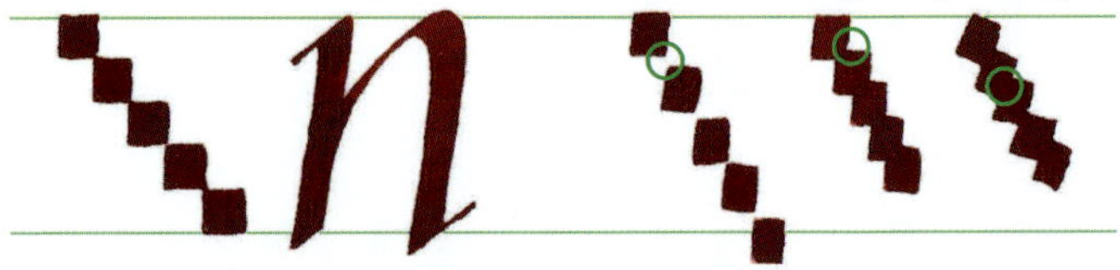

Die Rechtecke, die aus den Federbreiten entstehen, müssen exakt aneinandergereiht werden, da sich sonst andere Höhenverhältnisse ergeben.

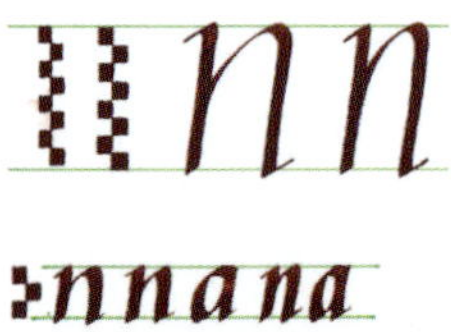

Andere Federverhältnisse führen zu ersten Variationen der Schrift. Die Buchstabenbreite wird auch leicht durch die Federbreite beeinflusst. Denken Sie jedoch an das Idealverhältnis im Golde-nen Schnitt (siehe Seite 47).

Nun ist das Höhenverhältnis optimal auf die Feder abgestimmt. Zeichnen Sie nun am Lineal entlang die Linien, oben und unten, mit spitzem Bleistift und ohne Druck. Arbeiten Sie dabei sorgfältig. Übertragen Sie dann diese Schrifthöhe an den Rand eines zweiten Blattes. Auf diese Weise übertragen Sie dieses Maß auf die nächste Zeile, und können sichergehen, dass es dieselbe Höhe ist. Den Zeilenzwischenraum tragen Sie in dieser Übung mit derselben Methode im gleichen Abstand an.

Durch eine geringere oder vermehrte Anzahl von Federbreiten entstehen Variationen dieser Schrift.

Kleinbuchstaben formen

Jetzt können Sie mit den Formübungen beginnen. Schreiben Sie das a, n, o und i (ohne Punkt) nacheinander in einer Reihe und achten Sie auf einen gleichbleibenden Ansatzwinkel der Federkante. Der Übergangsstrich bei n soll sich ähnlich zeigen wie derjenige beim a. Malen Sie die Flächen, wie in der Abbildung gezeigt, mit Farbe aus und vergleichen Sie sie untereinander.

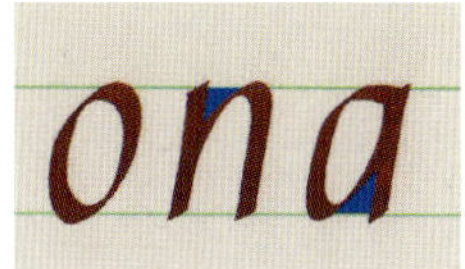

Ein wichtiges Kriterium für die Formkonsistenz sind die möglichst ähnlichen Restflächen der Buchstaben a und n.

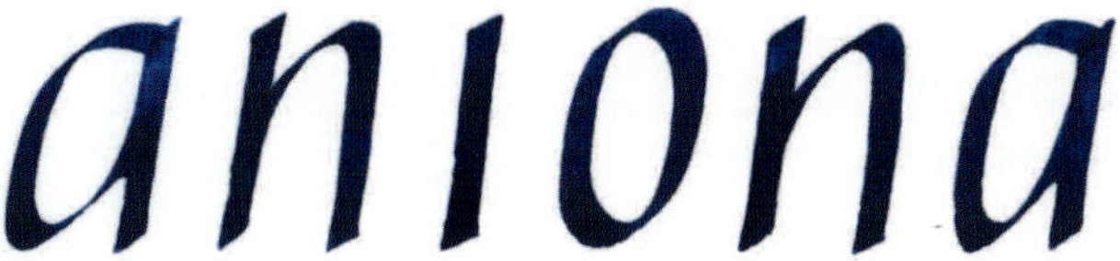

Achten Sie auch darauf, dass die inneren Flächen, wie sie beispielsweise beim Kleinbuchstaben a entstehen, keine Ansätze und Stufen zeigen. Die Form wirkt sonst unruhig. Beim e sollte die obere Schlaufe wieder in den Stammstrich zurückführen und nicht offen bleiben.
Sobald Sie etwas vertrauter mit der Handhabung der Feder sind, führen Sie diese Übungen durch, ohne Linien zu ziehen.

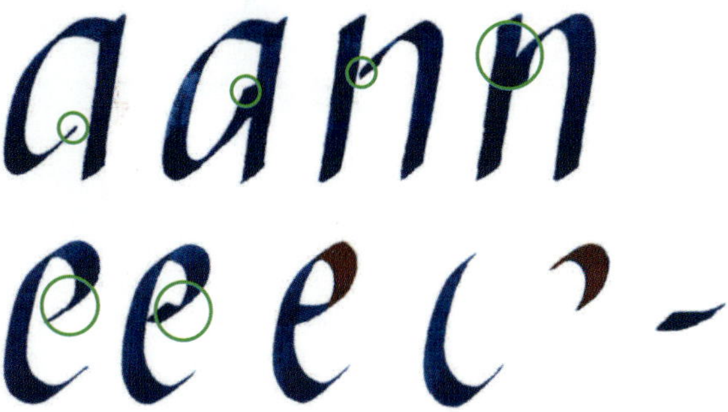

Die Striche sollten in den Innenräumen der Buchstaben möglichst glatte Übergänge erge-ben. Am e schließt der braune Kopfbogen wieder voll im linken Bogenstrich an.

Tipp

Üben Sie in Gruppen von mindestens drei Buchstaben. Lange n-Reihen können schnell monoton werden. Zudem trainieren Sie so das Schreiben von Wortzusammenhängen.

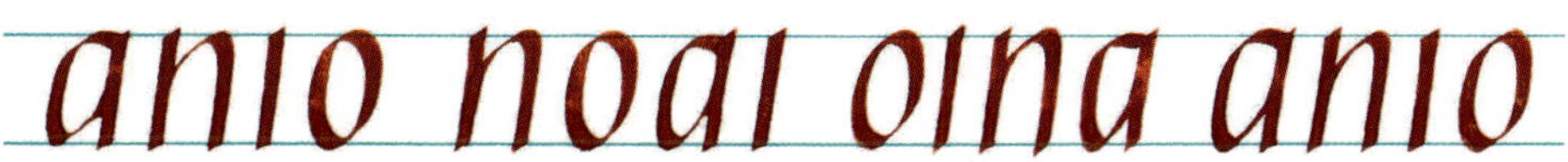

Innenraum und Zwischenraum

In der Musik entsteht Rhythmus aus der veränderten Abfolge kurzer und längerer Töne und der dazwischenliegenden Pausen. Auf die Schrift bezogen bedeutet Rhythmus eine Veränderung der Abfolge von Schwarz und Weiß – das Schwarz des Strichs und das Weiß des Papiers. Dieses Weiß ist zum einen die Fläche, die der Buchstabe einschließt, der Innenraum (sofern vorhanden), zum anderen immer die Fläche zwischen den Buchstaben, bzw. Wörtern, der Zwischenraum. Der Strich ist der Teil, der die Form bildet; der Innen- bzw. Zwischenraum ist dagegen die eigentliche Form, das Veränderbare, die Variable.

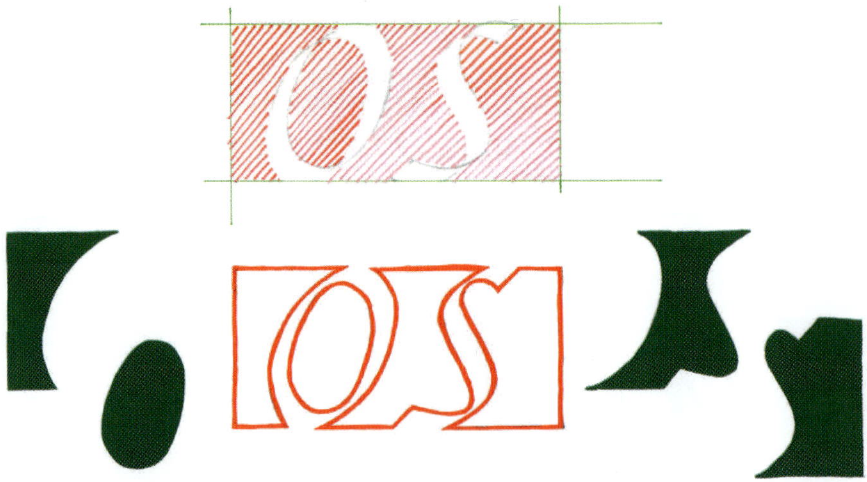

Der Zwischenraum: Erst, wenn die Flächen einzeln stehen, werden sie als eigenständig wahrgenommen. Der Leseprozess ist sehr mächtig und verhindert meist eine separate Formwahrnehmung.

Strich, Innenraum und Zwischenraum im Gleichgewicht

Ausgehend von unseren Schreibgewohnheiten steht der materielle Teil, also der Strich, im Vordergrund. Das führt zu einer Überbewertung des Strichs – genauso wichtig ist jedoch die leer bleibende, unbeschriebene Fläche, das Nichts. Die folgenden Übungen (→ Seite 26) helfen dabei, diese Einschätzung wieder in ein Gleichgewicht zu bringen.

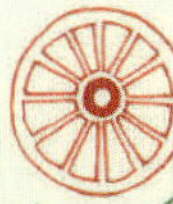

DAS RAD:
viele Speichen formen das Rund.
Jedoch im leeren Querschnitt der Nabe
liegt seine Funktion.

DER KRUG:

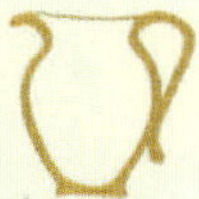

er wird aus Lehm geformt.
Seine Funktion jedoch erfüllt er durch
den leeren Raum im Inneren.

DAS HAUS:

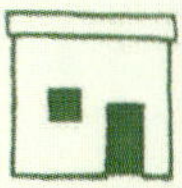

die Mauern mit Dach bilden eine Hülle.
Die Funktion jedoch ergibt sich aus jenem
umschlossenen Nichts.

MAN KANN ALSO SAGEN:
der materielle Teil erzeugt jeweils Funktion.
Jedoch Sinn und Bedeutung liegen im
Nichtmateriellen, – im leeren Raum.

LAO-TSE · TAO TE KING · KAPITEL 11

Abstände variieren

Mit dem Strich sind Sie inzwischen vertraut. Erweitern Sie nun die Übung aus dem Kapitel „Der Strich“, indem Sie die Abstände zwischen den Strichen nach Ihren Vorgaben verändern. Nehmen Sie dazu Bleistift oder Bandzugfeder.
Sie können folgendermaßen vorgehen: Jeder vierte Abstand wird größer (doppelt oder dreimal so groß); dann wird der zweite und fünfte Abstand größer (das sieht dann aus wie die schwarzen Tasten am Klavier) und so weiter. Seien Sie mutig, bestimmen Sie den Rhythmus der großen Abstände selbst.

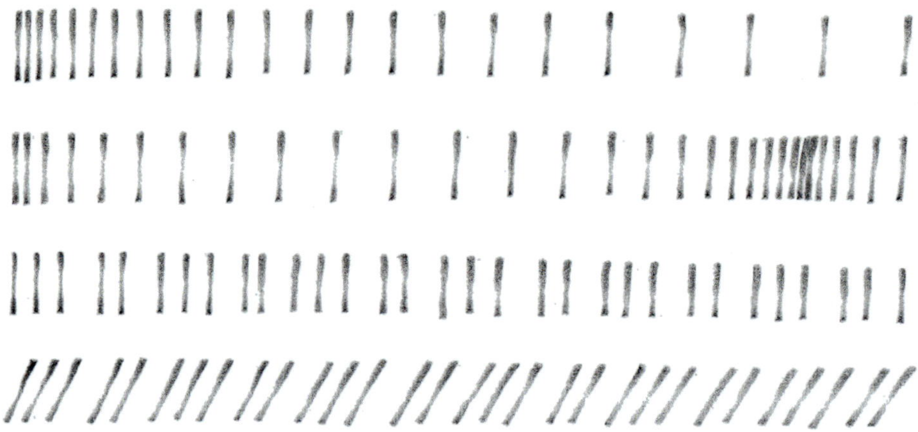

Machen Sie sich durch einfache Rhythmusübungen mit der Veränderung der Zwischenräume vertraut.

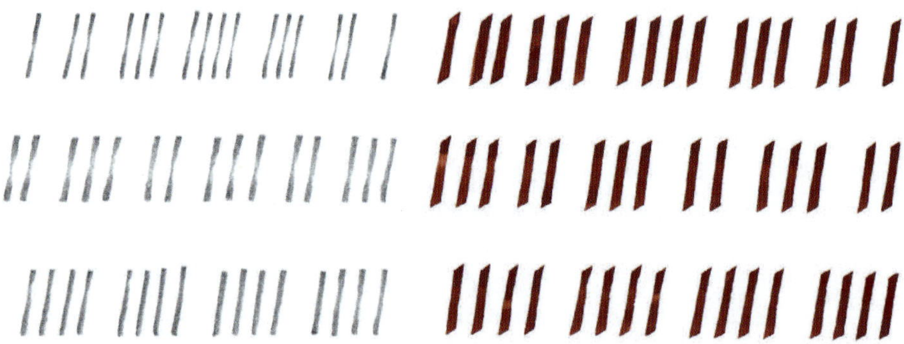

Übungen zur Rhythmisierung der Striche. Die Bleistiftübungen können Sie ohne Aufwand überall durchführen.

Das erste Wort schreiben

Jetzt sind Sie tatsächlich schon so weit, um zu schreiben. Ein traditionelles Wort, das sich sehr gut eignet, ist „minimum“. Warum? Weil es keine Ober- und Unterlängen besitzt und keine diagonalen, sondern nur senkrechte Striche. Seine Buchstaben lassen sich zudem aus n und a ableiten und es eignet sich hervorragend für eine kleine Rhythmusübung. Befüllen Sie die Bandzugfeder und schreiben Sie dieses Wort – achten Sie darauf, dass die Wirkung der Fläche in und zwischen den Buchstaben möglichst gleich erscheint.

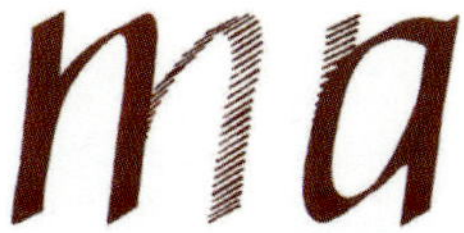

Die Buchstaben m und u lassen sich aus na und a ableiten.

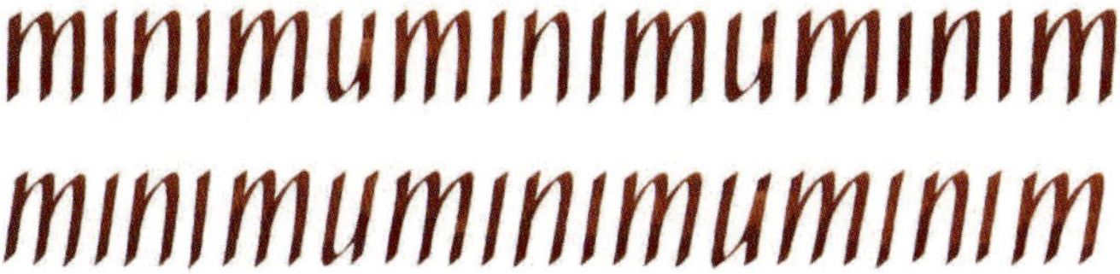

Das Wort „minimum“ mit normalem Zwischenraum.

In der nächsten Übung verkleinern Sie diese Abstände. Anschließend üben Sie, die Abstände zu vergrößern. Achten Sie auf den Buchstaben u, meist erhält er zuviel Fläche.

Tipp

Kontrollieren Sie zwischendurch immer, ob Ihr Ansatzwinkel noch stimmt.

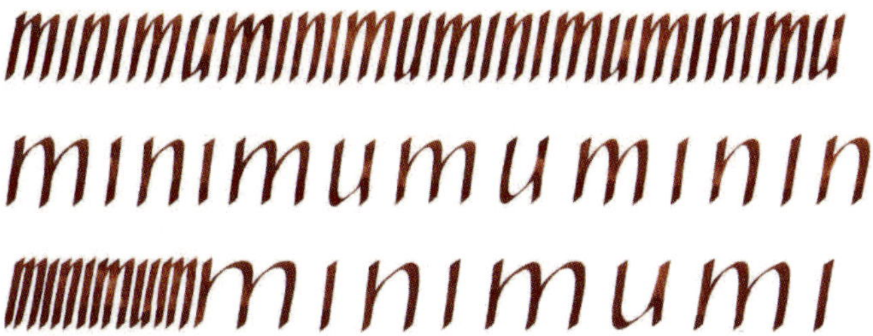

Das Wort mit engerem und weitem Zwischenraum.

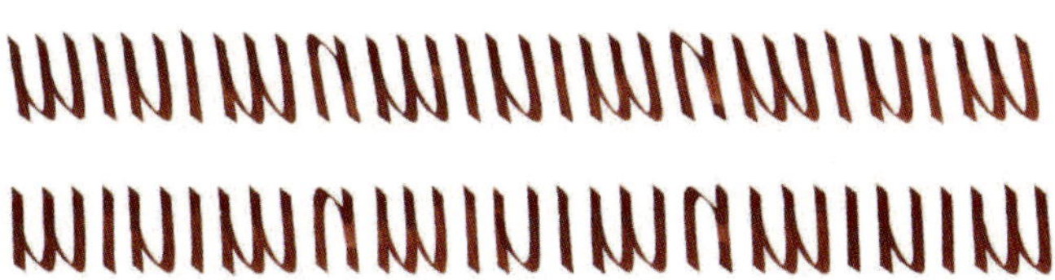

Stellen Sie das Blatt auf den Kopf und betrachten Sie es durch die Rückseite gegen ein Fenster oder ...

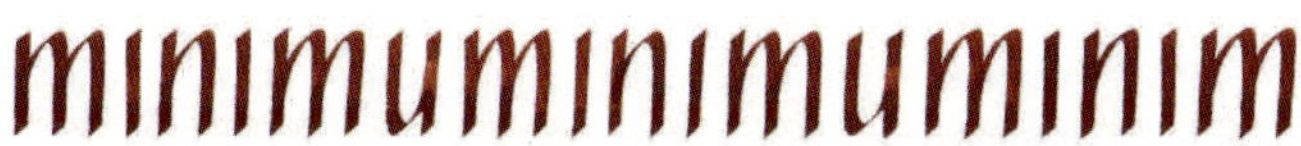

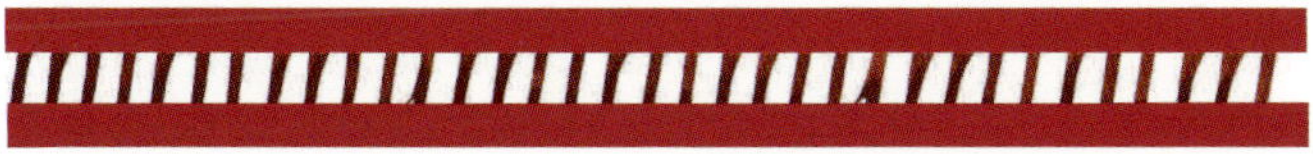

... decken Sie Ihre geschriebene Zeile mit zwei Papierstreifen ab, das dämpft den starken Lesezwang.

Wort- und Zaunbilder

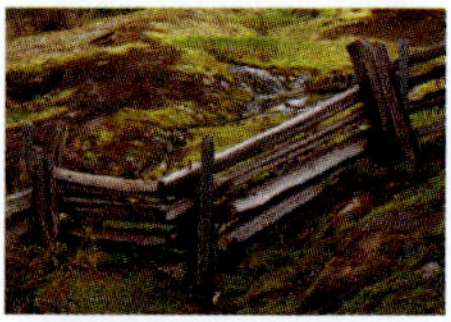

Handschriftlicher Zaun

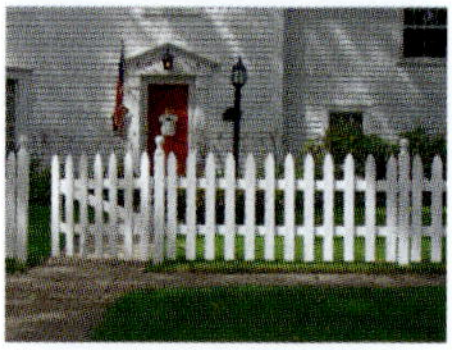

Typografischer Zaun

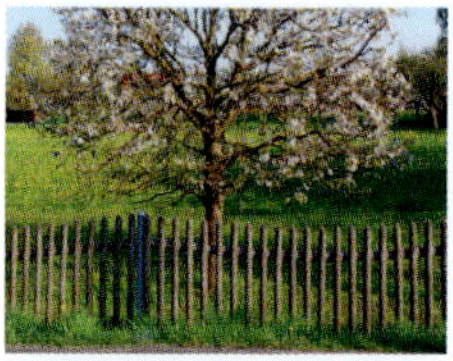

Kalligraphischer Zaun ...

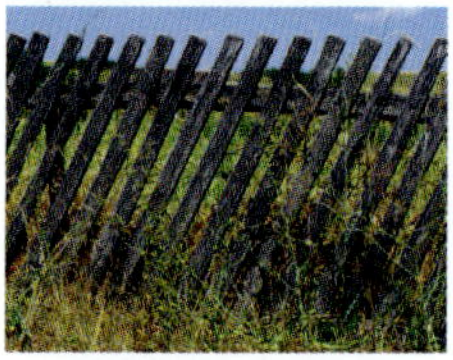

... auch in kursiv.

Sie kennen das sicher: Kinder laufen an einem Zaun entlang, ein Stöckchen in der Hand – es klappert so schön. Je nach Zaun gleichmäßig oder mit kleinen Irritationen, dort, wo eine Latte fehlt. Sehen Sie etwas Geschriebenes, so „klappert" Ihr Auge an den Wörtern entlang, gleichmäßig oder holpernd – das kommt auf die Anmutung der Schrift an.
Schreiben Sie selbst einen Text, stellt sich immer die Frage, zu welchem Zweck. Angenommen, Sie möchten ein leckeres Rezept aufschreiben, das Sie bei einem Bekannten telefonisch nachgefragt haben – er überlegt und diktiert Ihnen, und Sie halten es wahrscheinlich handschriftlich fest. Abends gelingt Ihnen das Rezept so gut, dass Sie beschließen, es in den PC einzugeben, also typografisch zu bearbeiten und für Ihren Rezeptordner auszudrucken. Sie bereiten es noch einige Male zu, alle Freunde und die Familie sind voll des Lobes. Sie beschließen, dass dieses Rezept in eine andere, bildhaftere Form übertragen werden sollte, gestalten es kalligraphisch und hängen es gerahmt in der Küche auf. An welcher Stelle ergibt sich nun ein Zusammenhang mit den eingangs erwähnten Zäunen?

Der handschriftliche Zaun, das sind die unmittelbar durch Ihre individuelle Handschrift verbundenen Buchstaben.

Der typografische Zaun ist die Massenware. Die Latten sind industriell gefertigt und gleichmäßig aufgereiht – vergleichbar den Buchstaben, zusammengesetzt durch Ihr Schreibprogramm und schnell veränderbar.

Beim kalligraphischen Zaun finden Sie gewachsene Holzlatten, einander alle ähnlich und doch mit kleinen, feinen Unterschieden. Gleichmäßig aufgereiht, ergeben sie ein gewolltes, mit natürlichem Charme versehenes Bild ab. Die kalligraphisch geschriebene Schrift versucht nach einer Vorgabe einander ähnliche Buchstaben zu schreiben und wird doch immer kleine Varianzen aufweisen.

Was Sie mit diesen Übungen hervorrufen können, ist das Gefühl für Gleichmäßigkeit und lässt sich besser mit Takt beschreiben. Es ist der Fuß, der zur Melodie mitwippt oder eben der Stock, der am Zaun entlangklimpert. Mit diesen Übungen schulen Sie Ihr Auge, es lernt, am Gleichtakt der Buchstaben entlangzuklappern – und wie Sie jede fehlende Latte hörten, so sehen Sie jede Lücke sofort.

Ein Wort rhythmisieren

Im nächsten Schritt werden Sie das rhythmische Gefüge verändern. Nehmen Sie sich vor, nur die Innenfläche der m größer zu machen, danach dann nur diejenigen der n. Das Wort „minimum" besteht aus sieben Buchstaben.

minimum minimum

Als nächstes gliedern Sie das Wort im Rhythmus 2:3:2, 2:2:3 und 3:4/4:3 Buchstaben.

mi nim um mi ni mum

min imum mini mum

Akzente setzen

Auch die Buchstaben m, n und u lassen sich öffnen, breiter machen und damit betonen. Seien Sie mutig, Sie selbst bestimmen als Gestalter oder Gestalterin, wo die nächsten offenen Formen sind. Vergessen Sie das Atmen nicht. Versuchen Sie ruhig und gleichmäßig zu atmen. Schreiben Sie nun ein ganzes Blatt und überlegen Sie vorher, an welchen Stellen die offenen Buchstaben oder Abstände sein sollen. Sie können beispielsweise vorab die betreffende Stelle mit einem kleinen Kreuzchen markieren. Sie setzen jetzt die Akzente.

minimum minimum

Tipp

Es empfiehlt sich, an dieser Stelle in das nächste Kapitel „Das Alphabet" zu wechseln. Haben Sie alle Buchstaben kennen gelernt, wird auch das Bewerten der Buchstabenzwischenräume anspruchsvoller. Kehren Sie also erst danach wieder in dieses Kapitel zurück.

Wortzwischenräume

Die Buchstaben e, c und r sind links geschlossen und rechts offen. Wie wirkt sich das auf die Bildung der Zwischenräume aus? Oberste Priorität für einen gleichmäßigen Schrifttakt hat die Gleichwertigkeit der Zwischenräume, also der Flächen, die sich zwischen den Buchstaben befinden. Dort sollten keine Lücken klaffen, aber auch keine Verdichtungen entstehen. Nicht ganz einfach ist das beispielsweise in der Buchstabenkombination r und n, denn ein Berühren der beiden führt in der Wahrnehmung unter Umständen dazu, dass wir ein m lesen. In einer Ihnen vertrauten Sprache lesen Sie oft gar nicht mehr jeden einzelnen Buchstaben, sondern orientieren sich an Wortbildern. In fremdsprachigen Texten kann das zu Missverständnissen führen. Ähnlich ist es bei der Kombination rm, was auch als nn gelesen werden kann.

Manche Buchstabenverbindungen sind in der Abfolge schwierig.

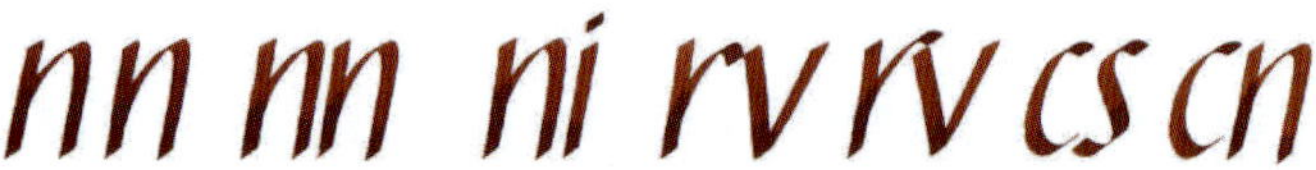

Die Lösung, die aus diesem Dilemma führt, lässt sich in einem kurzen Satz darstellen: Senkrechte Striche in Folge brauchen etwas mehr Abstand als ein senkrechter Strich zu einer offenen Form.

Deutlich sind hier die engen Zwischenräume bei allen senkrechten Strichen zu erkennen. Die Innenräume der Buchstaben treten unschön hervor.

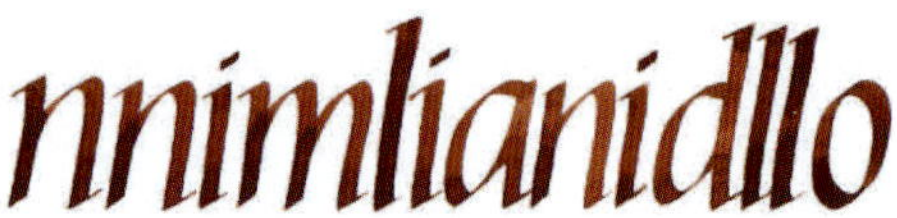

Gehen Sie nun daran, die rhythmischen Übungen mit weiteren Buchstaben durchzuführen, wie Sie es im Kapitel „Die Form“ bei a, n und o getan haben (siehe Seite 18). Öffnen Sie auch die Innenräume, um einen Schriftrhythmus zu erzeugen.

Betrachten Sie die Abbildung. Warum empfinden Sie beim unteren Wort „Kalligraphie“ eine Irritation? Das Wort ist gleich lang wie das obere, die Buchstaben sind identisch. Richtig, der weiße Zwischenraum ist nicht harmonisch ausgeglichen! Dieses Beispiel zeigt sehr deutlich, welche Bedeutung die weißen Flächen zwischen den Buchstaben letztendlich haben.

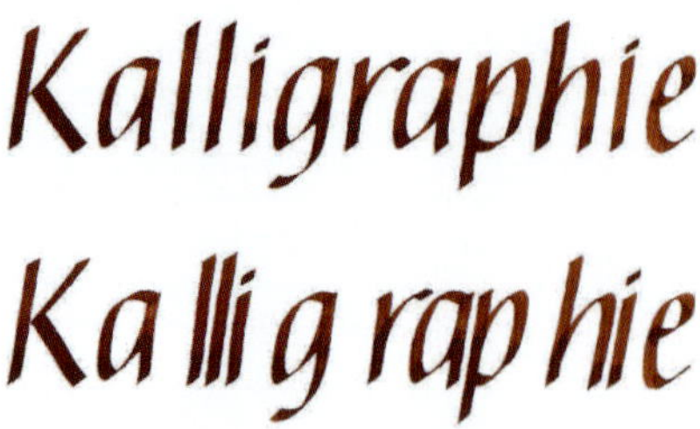

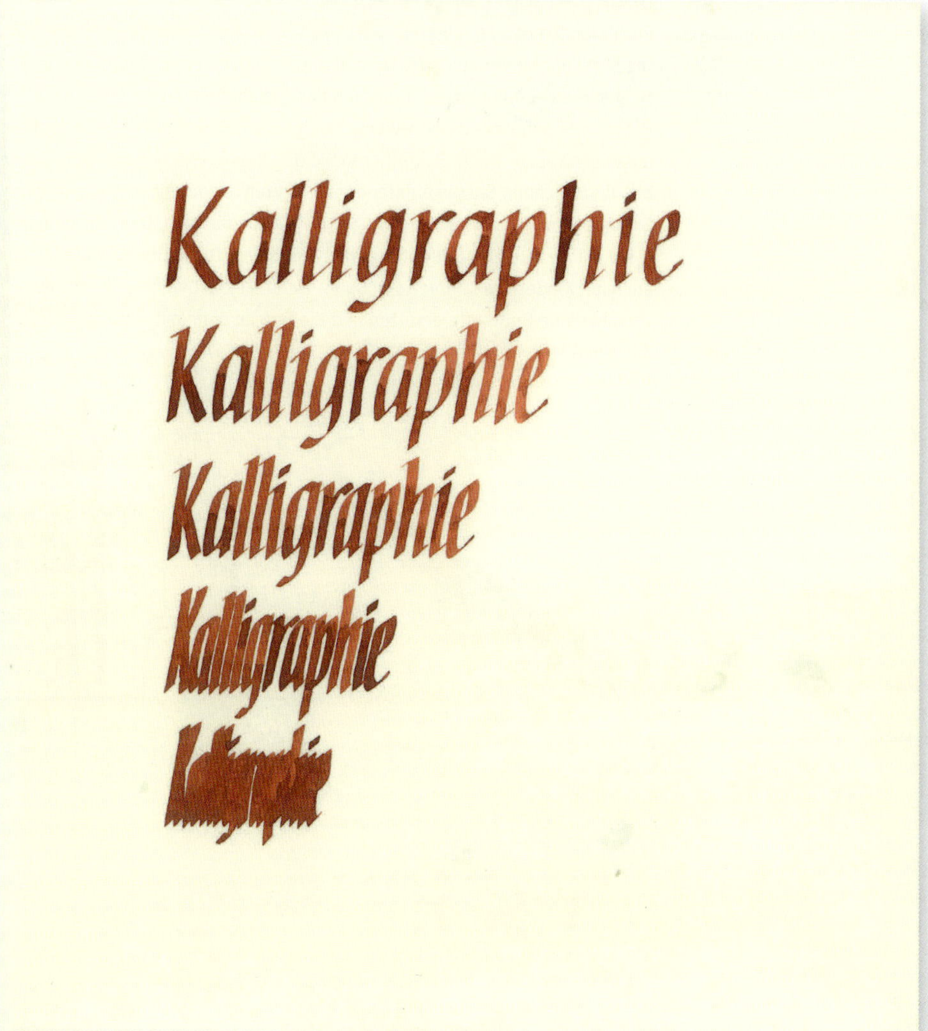

Auch diese Abbildung führt Ihnen die Bedeutung des Weißraums zwischen den Buchstaben vor Augen. Hier versucht der Strich den weißen Partner zu verdrängen – immer enger wird das Wort, bis es schließlich nur noch erraten werden kann. Der Weißraum ist nahezu verschwunden. Wohlgemerkt, die Buchstaben sind gleich hoch und der Strich ist gleich breit geblieben.

Übungen zum Zwischenraum

Probieren Sie einmal folgende, wichtige Übung aus. Verbinden Sie zwei Bleistifte mit Klebeband oder Gummi und schreiben Sie damit Striche und Buchstaben auf das Papier. Zwischen den Bleistiftspitzen wird jetzt die Federkante simuliert und die weiße Fläche, die dabei entsteht, ist eigentlich unser schwarzer Strich. Schraffieren Sie den Raum zwischen den Buchstaben und zeichnen Sie die entstandenen Figuren ab, auf diese Weise lernen Sie diese Flächen als selbstständige Formen zu erkennen. Das hilft Ihnen, diese Flächen in ihrer Bedeutung wahrzunehmen. Diese Übung macht auch mit Kindern zusammen viel Spaß, wenn Sie die Bleistifte durch zwei verschiedene Buntstifte ersetzen und die Striche dann mit einfachen Ornamenten oder farbig füllen.

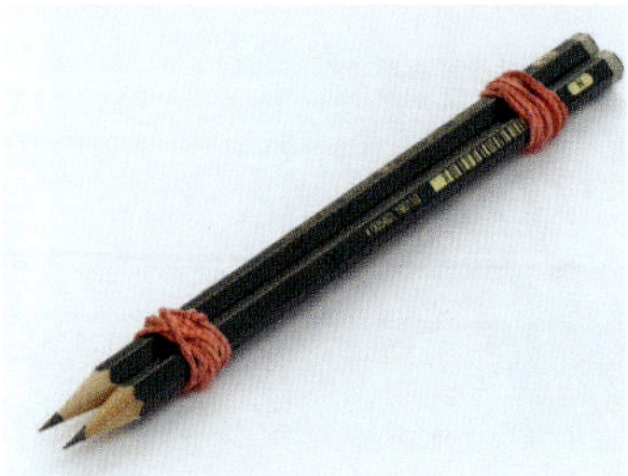

Doppelbleistift

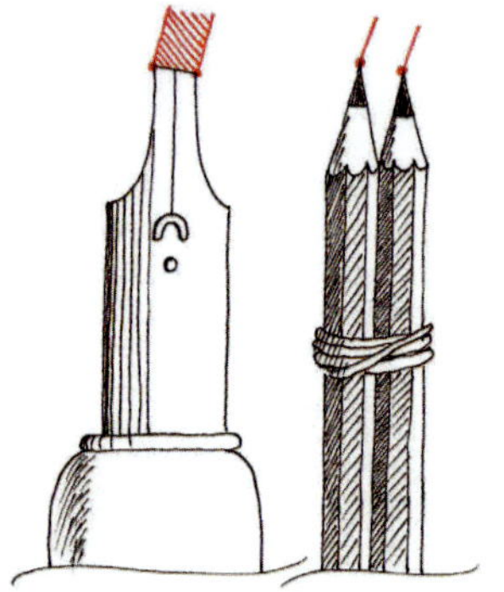

Die Doppellinie des Bleistifts entspricht der Federkante

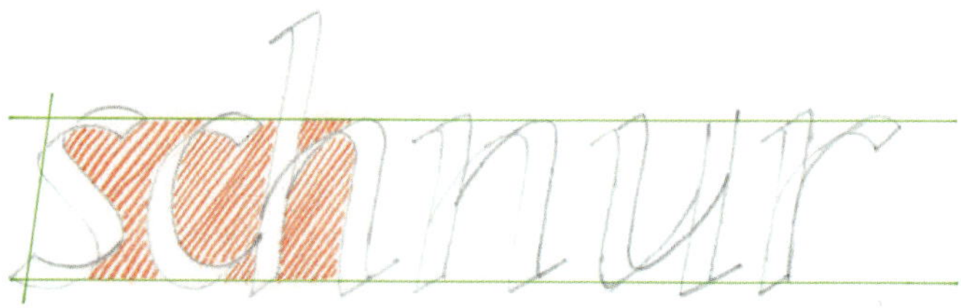

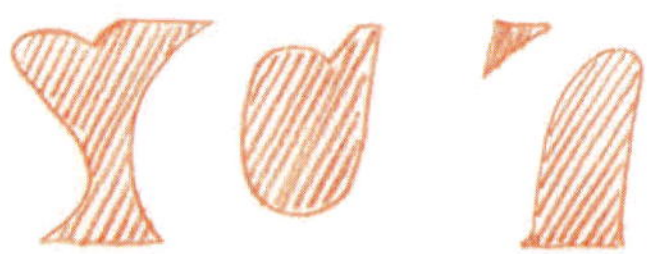

schnur werke taxis

Die Flächen, die sich zwischen den Doppellinien ergeben, verdeutlichen die Buchstaben-zwischenräume. Zeichnen Sie sie heraus und versuchen Sie dasselbe mit den Wörtern „schnur", „werke" und „taxis".

Tipp

Legen Sie über Ihr geschriebenes Wort ein Transparent-papier und schraffieren Sie so die Innenräume und Abstände.

Die Humanistische Kursive

Die Groß- und Kleinbuchstaben der Humanistischen Kursive kommen aus verschiedenen Epochen unserer Geschichte. Ihr unterschiedlicher Charakter macht es nicht leicht, beide zusammenzuführen – die in sich geschlossenen, geometrischen Formen der großen Buchstaben mit den vereinfachten Formen der Kleinbuchstaben, die unter dieser Prämisse aus den großen Buchstaben entstanden sind. Sie wurden zu Beginn der Renaissance mit gemeinsamen Merkmalen ausgestattet und zusammen verwendet. Für viele Sprachen des lateinisch geprägten Kultur-raumes ist das zunächst kein Problem – Englisch, Italienisch, Französisch usw. kommen mit dem kleinen Alphabet gut aus – die deutsche Sprache hingegen braucht die Großbuchstaben. Das kann sich im Gesamteindruck eines Textes durchaus gestalterisch bemerkbar machen, beispielsweise in der Ruhe, der Gleichmäßigkeit und dem Grauwert der Textfläche. Mehr dazu erfahren Sie im Kapitel „Die Blattgestaltung" ab Seite 43.

Eine Schrift – viele Varianten

Sie werden sich vielleicht fragen, warum diesem Buch zum Erlernen der Kalligraphie einzig die Humanistische Kursive zugrunde liegt. Das ist gegenüber vielen anderen Kalligraphiebüchern eine Besonderheit, aber leicht zu beantworten: Es ist eine Schrift, die uns vertraut erscheint, die leicht lesbar ist und nach dem Einüben der Grundformen eine große Zahl ebenfalls gut lesbarer Varianten zulässt. Wenn Sie am Ende dieses Buches angelangt sind, sollte es Ihnen möglich sein, aus einer einzigen Schrift zahlreiche weitere Möglichkeiten abzuleiten und zu schreiben. Eine Hilfestellung bietet hier auch der Lehrgang in den Online-Videos.

Bis es soweit ist, werden Sie nicht darum herumkommen, noch ein wenig zu üben, und zwar beide Alphabete. Das eröffnet Ihnen drei Möglichkeiten: Sie können nur mit den kleinen oder nur mit den großen Buchstaben schreiben oder, wie sie es gewohnt sind, in der gemischten Schreibweise.

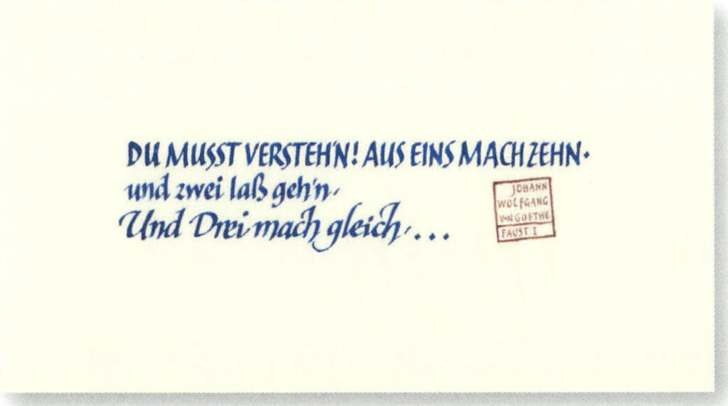

Eine Textvorlage, drei Möglichkeiten – keine Hexerei.

Die Kleinbuchstaben aus o-, a- und n-Figur

Der größere Teil unserer Schreibarbeiten wird mit den kleinen Buchstaben be-stritten. Grund genug, mit ihnen zu beginnen.
Im Kapitel „Die Form" haben Sie bereits die Formmerkmale der Buchstaben a, n und o kennen gelernt (siehe Seite 18 ff.). Jetzt ergänzen Sie diese Formen zu weiteren Buchstaben:
o zu c und e; a zu d, g, q und y; n zu h, m, r und angelehnt p, b, k sowie u und y.

Grundformen aus der o-Figur, immer im Rhythmus mit n

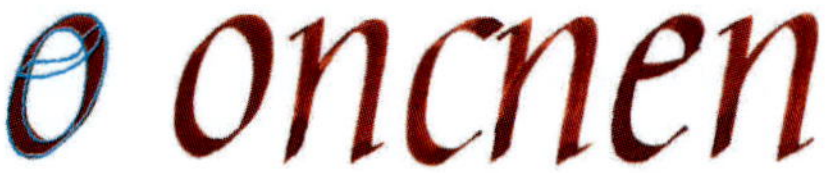

Grundformen aus der a-Figur

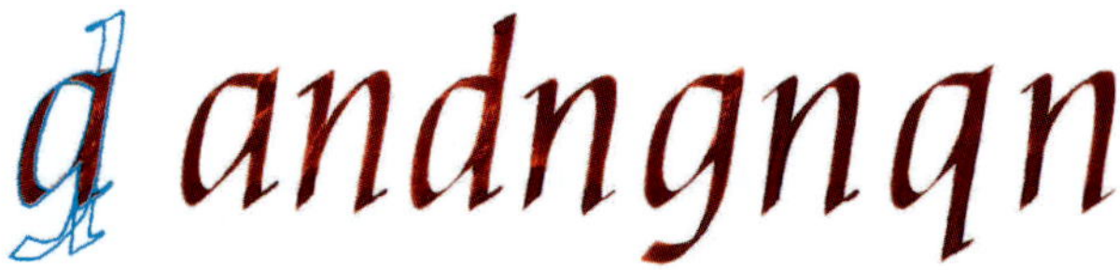

Grundformen aus der n-Figur

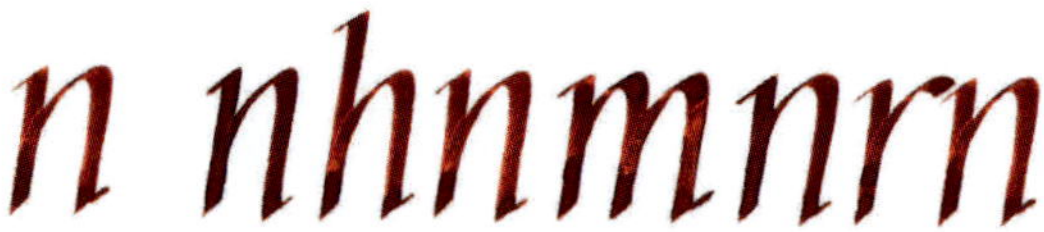

Grundform aus der gedrehten a-Figur

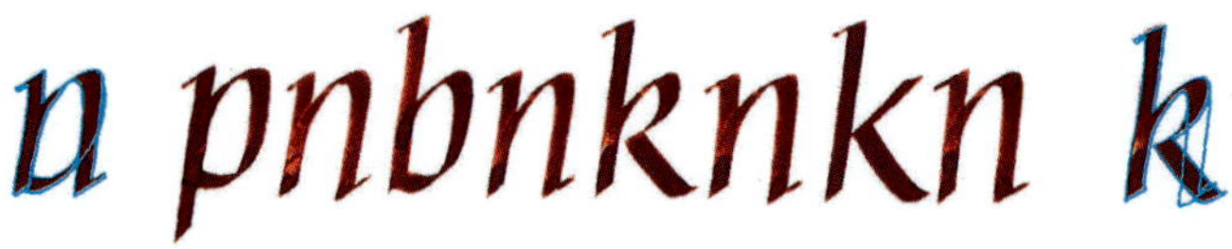

Grundform aus der gedrehten n-Figur

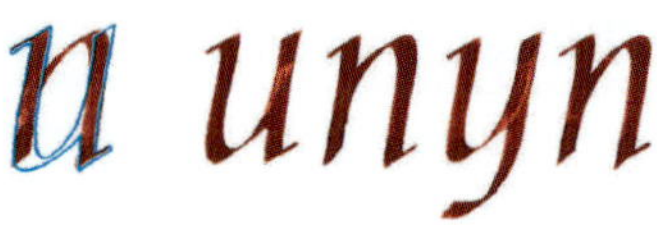

Die Buchstaben aus einfachen und diagonalen Strichen

Die Buchstaben f, i, j und l sind formal mit ihrer linearen Dimension weniger anspruchsvoll. Es bleiben uns also noch Formen mit diagonalen Elementen bei s, v, w, x und z. Die Neigung in der Neigung ist es, was dabei oft Schwierigkeiten bereitet. Die Formen werden immer im Wechsel mit n dargestellt, damit Sie ein Gefühl für die Breite der neuen Formen erhalten.

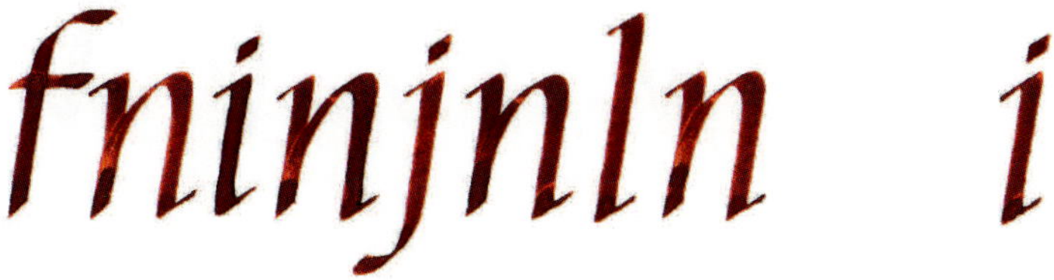

Grundformen aus einfachen Strichfiguren

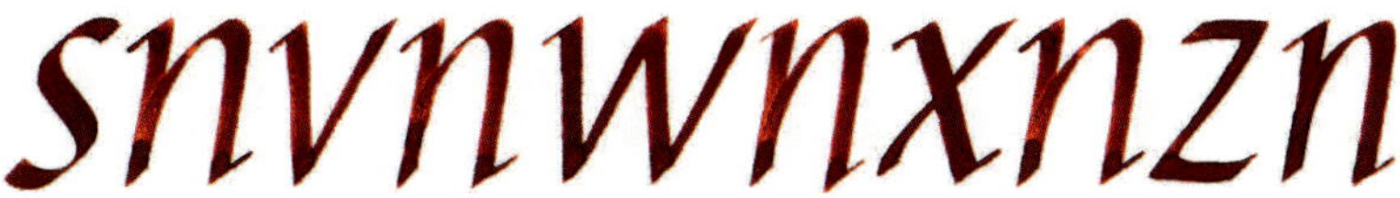

Grundformen aus Figuren mit diagonalen Strichen

Der Buchstabe t ist in seiner Form ebenfalls einfach. Wenn Sie jedoch genau hinsehen und vergleichen, werden Sie feststellen, dass seine Besonderheit darin liegt, dass seine Oberlänge nicht ganz so hoch ist wie die seiner Brüder b, d, f, h, k, l, sondern nur knapp über die Zeile hinausragt. Sie können dies übrigens auch in Ihrer Zeitung und in Büchern feststellen. Für den Querstrich drehen Sie, wie bei z, die Federkante im Uhrzeigersinn aus, dadurch wird, der Kreuzungspunkt weniger kräftig.

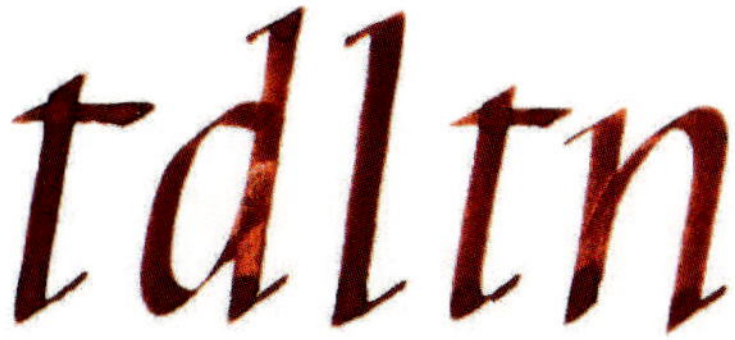

Grundform des t; die Oberlänge ist deutlich kürzer.

Kleine Details – große Wirkung

Gehen wir zu den Buchstaben mit diagonalen Strichen. Ein senkrechtes v verfügt über zwei gleichmäßig spiegelbildliche Striche. In der Kursivlage wird jedoch der linke Strich fast senkrecht, der rechte hingegen erhält eine deutlich über die Schriftneigung hinweggehende Schräge, was wiederum die Strichstärke beeinflusst.

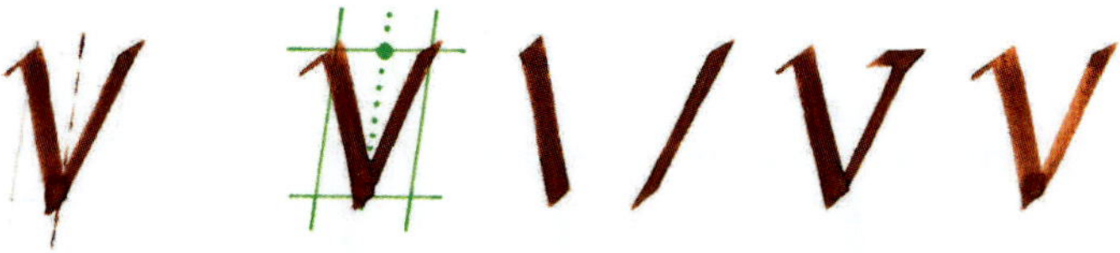

Kleinbuchstabe v, Details

Beim s haben Sie mit dem oberen, waagerechten Strich die Möglichkeit, korrigierend einzugreifen. Ist er kürzer, richtet sich das s optisch auf, wird er länger, kippt der Buchstabe stärker.

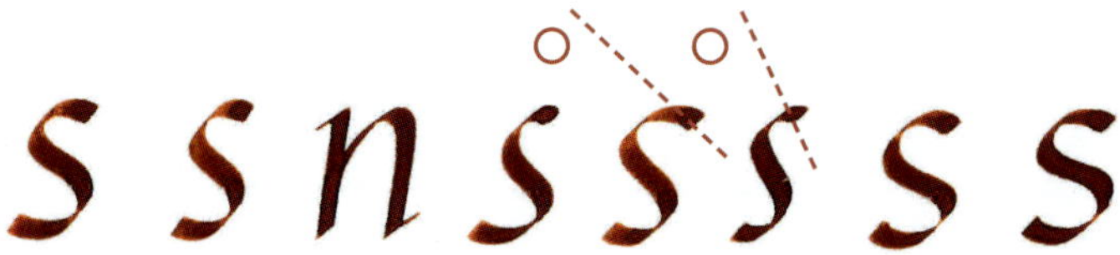

Kleinbuchstabe s, Details

Das z wird oft zu breit geschrieben. Dabei gerät der diagonale Strich zu dünn, er bricht weg. Um dieses Phänomen auszugleichen, müssen Sie die Feder ganz leicht ausdrehen, also im Uhrzeigersinn weg vom Körper drehen. Damit erreichen Sie, dass der Strich kräftiger wird. Erscheint er immer noch zu dünn, kann auch ein Mittelstrich zur Betonung helfen.

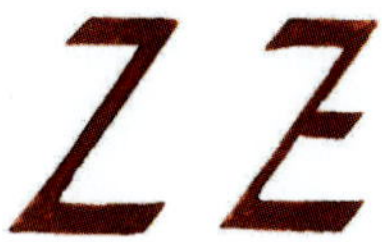

Kleinbuchstabe z, Details

Der breite Strich des x, die Taldiagonale, ist ein Strich mit wenig Neigung, der zweite Strich soll diesen möglichst genau in der Mitte treffen. Er muss nicht stur gerade verlaufen, sondern kann den Kreuzungspunkt auch in einer leichten Fragezeichen-Bewegung ansteuern.

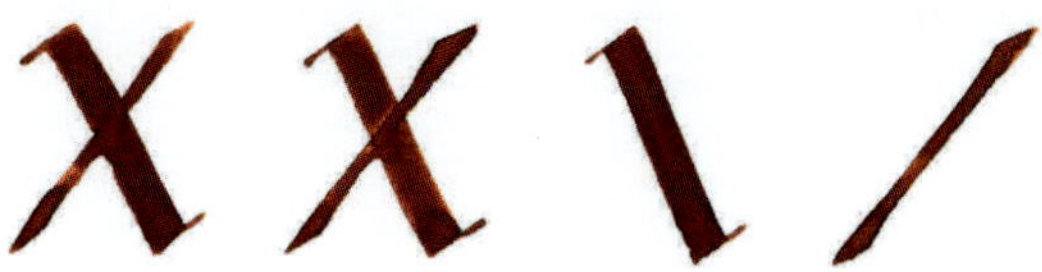

Kleinbuchstabe x, Details

Mitte ist nicht gleich Mitte

In der Gestaltung wird zwischen geometrischer Mitte und optischer Mitte ein Unterschied gemacht. Dabei geht es ausschließlich um die Teilung einer Fläche oder Linie von oben nach unten mit Hilfe einer waagerechten Linie. Die geometrische Teilung bezeichnet die rechnerisch gleiche Teilung einer Fläche. Betrachten Sie diese geteilte Fläche, erscheint dem Auge die untere Fläche kleiner als die obere. Um diesen Effekt auszugleichen, bringt man die optische Teilung um ein Weniges höher an, jedoch nur so weit, dass beide Teile gleich wirken. Dies ist ein wichtiges Werkzeug, um besonders bei den großen Buchstaben mit ihrer geometrischen Basis die richtigen Proportionen zu finden.

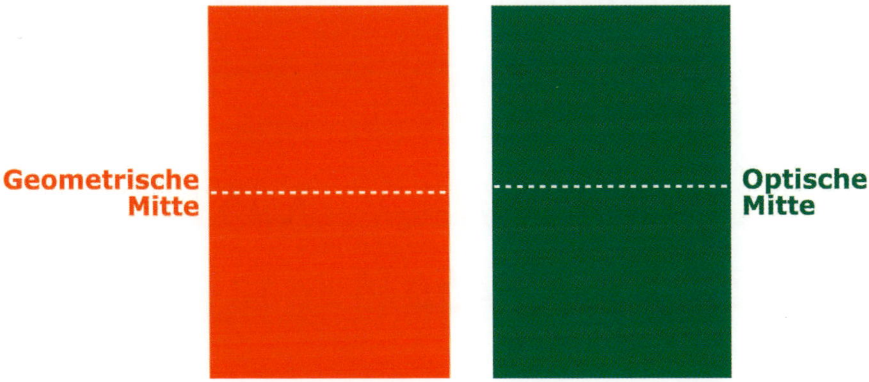

Eine Augentäuschung: Die geometrische Mitte entspricht nicht der optischen Mitte eines Blattes.

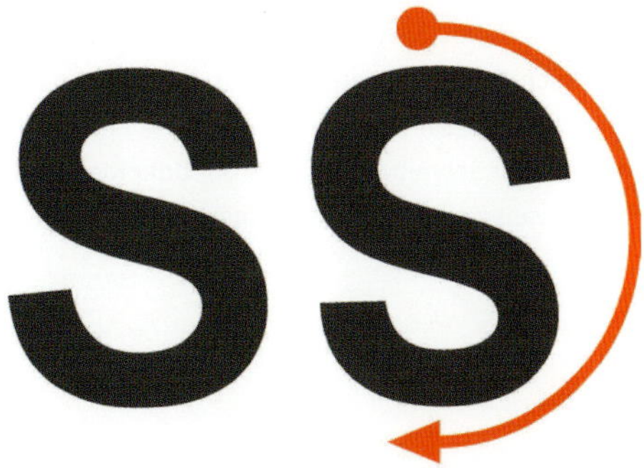

Optische Mitte bei S – die obere und untere Schleife wirken gleich, sind es aber nicht. Drehen Sie das S um 180°, dann wirkt die eigentlich untere Schleife des S übertrieben groß – der Effekt hat sich umgekehrt.

Tipp

Machen Sie den Test: Halbieren Sie ein weißes Blatt Papier ohne Hilfsmittel, nur mit dem Bleistift und Augenmaß. Drehen Sie danach das Blatt um 180°.

Wortreihen üben

Üben Sie die Buchstaben möglichst nicht einzeln, sondern im Wortzusammenhang. Dafür eignen sich Namen, Wochentage, Monatsnamen, Tiere, Pflanzen, Länder, Städte oder kurze Aphorismen. Wollten Sie vielleicht sowieso gerade einen Brief schreiben?
Möchten Sie sämtliche Buchstaben des Alphabets im Zusammenhang üben, dann versuchen Sie sich an dem englischen Allerweltssatz: the quick brown fox jumps over a lazy dog.

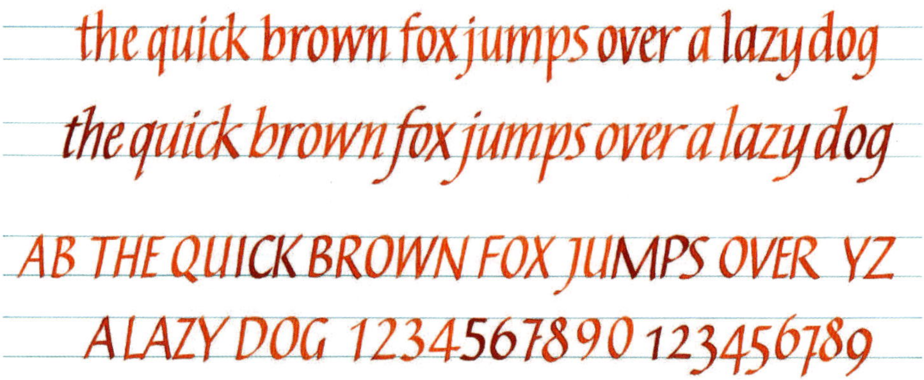

Ein englisches Pangramm

Eine deutsche Variante lautet: zwölf boxkämpfer jagen viktor quer über den großen sylter deich.
An die Frankophilen ist auch gedacht: portez ce vieux whisky au juge blond qui fume. Haben Sie nachgezählt? Es sind alle Buchstaben da, der deutsche Satz auch mit den Umlauten und ß. Pangramme heißen diese kurzen Sätze, deren einziger Sinn darin besteht, alle Buchstaben wiederzugeben. Wohlgemerkt in der Schreibweise mit Groß- oder Kleinbuchstaben; die gemischte Schreibweise gibt nicht alle Formen wieder.

Die Großbuchstaben

Die großen Buchstaben haben eine andere Herkunft. Während die Kleinbuchstaben sich im Wesentlichen an einer gemeinsamen Breite orientieren, ist die Grundlage der Großbuchstaben eine eher geometrische – Kreis, Dreieck und Quadrat. Der Leitbuchstabe dafür ist das O. In der normal laufenden Variante ist das O ein Kreis. Wird es breiter, fast wie ein liegendes Oval, spricht man von einer breit laufenden Schrift. Wird das O schmäler, ein stehendes Oval, wird es als schmal laufend bezeichnet – das ist die Grundlage für die Humanistische Kursive.

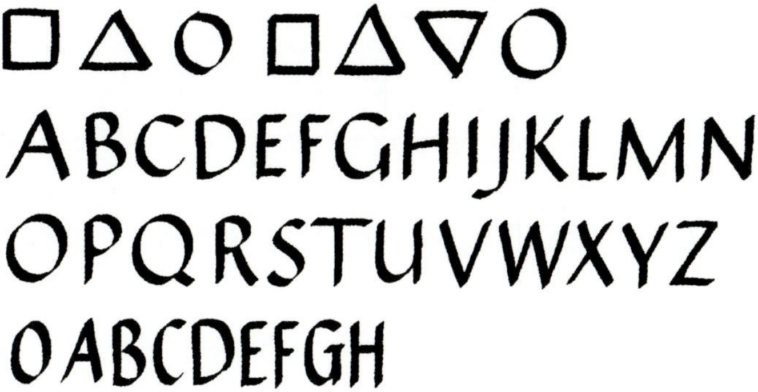

Die Großbuchstaben orientieren sich an den geometrischen Formen Dreieck, Quadrat und Kreis.

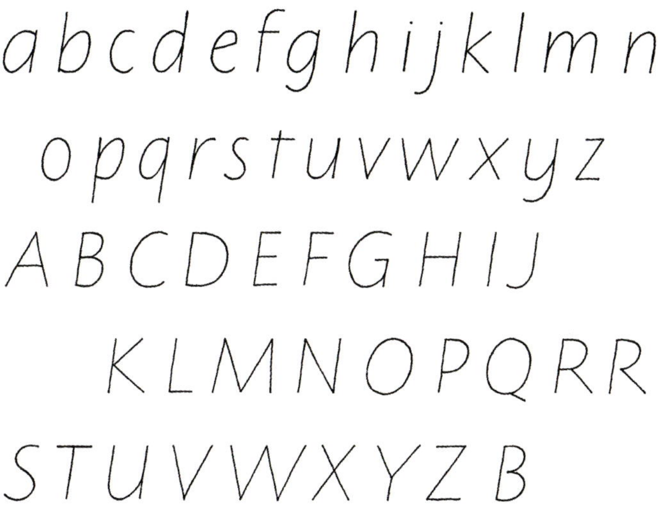

Die Buchstaben der Humanistischen Kursive in linearer Grundform, man spricht auch von einer Skelettform.

Tipp

In der Typographie, also der professionellen Arbeit mit fertigem Buchstabenmaterial am Computer, spricht man von normal-, breit oder schmal laufend, um Schriften in ihrer Breitenentwicklung zu bezeichnen. Nicht zu verwechseln mit der Bezeichnung fett oder mager für einen Schriftschnitt.

Der Leitbuchstabe O

Nochmals zurück zur normalen Variante, dem kreisrunden O. An ihm orientieren sich alle großen Buchstaben. So ist das E zum Beispiel im Verhältnis nur halb so breit wie das O – auch dann, wenn das O ein schmales Oval ist, wie in der Humanistischen Kursive. Den Kanon der Breitenverhältnisse können Sie in untenstehender Abbildung ablesen. Für die Großbuchstaben-Schrift brauchen Sie dieses geometrisch-konstruktive Leitbild als Hintergrund. Sie ist aufwändiger zu schreiben.

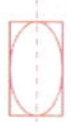

Basis O als **stehendes Oval**
wird als **schmallaufend** bezeichnet

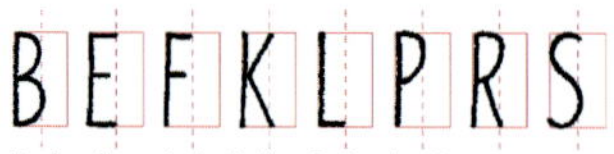

Buchstaben mit der halben Breite des O

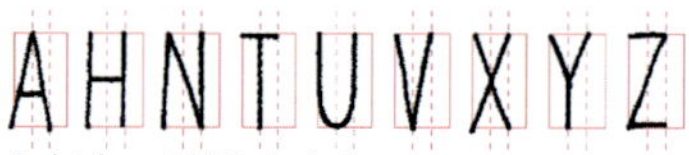

Buchstaben mit 2/3 Breite des O

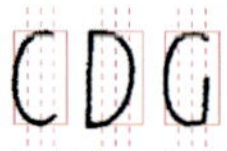

Buchstaben mit 3/4 Breite des O

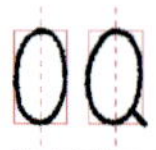

Buchstaben mit Breite des O

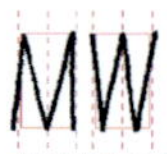

Buchstaben die etwas breiter sind als O

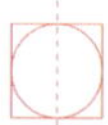

Basis O als **Kreis**
wird als **normallaufend** bezeichnet

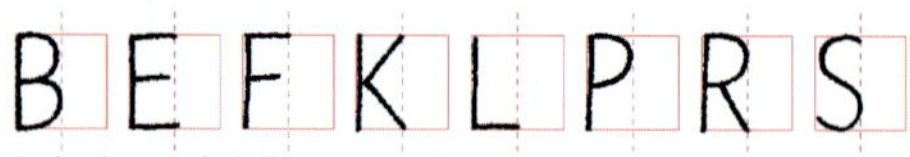

Buchstaben mit der halben Breite des O

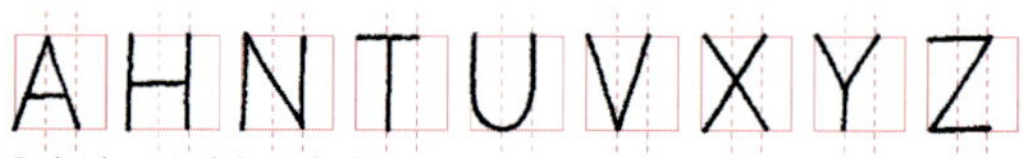

Buchstaben mit 2/3 Breite des O

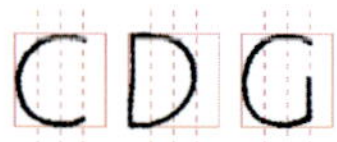

Buchstaben mit 3/4 Breite des O

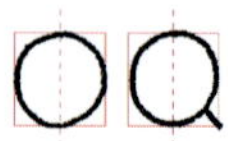

Buchstaben mit Breite des O

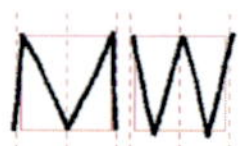

Buchstaben die etwas breiter sind als O

Gestische Elemente

Als gestisches Element bezeichne ich eine Erweiterung der Grundform des Buchstabens, der in den umgebenden Raum bzw. in die freie Fläche des Textes ausgreift und Bedeutung über den Textinhalt hinaustragen kann.

Gestische Elemente bei Ober- und Unterlängen

Bei der Gestaltung der Ober- und Unterlängen der Kleinbuchstaben müssen Sie bedenken, dass diese Elemente nach oben und unten in den Zeilenzwischenraum eingreifen und ihn verzahnen. Das heißt, diese Buchstaben brauchen für entsprechende Schwungformen (Gesten) auch ausreichend Platz. Variieren Sie die verschiedenen Oberlängen in Ihrem Text und verändern Sie die Zeilenabstände mit der Höhe der entstehenden Ober- und Unterlängen.

Zum Verständnis: Der Zeilenzwischenraum bezeichnet den Abstand zwischen der Grundlinie der oberen Zeile und der oberen Begrenzung der kleinen Buchstaben in der folgenden Zeile. Bei einer reinen Großbuchstabenschrift ist es jedoch der Abstand zwischen der Grundlinie und dem oberen Abschluss dieser Buchstaben in der nächsten Zeile.
Der Zeilenabstand dagegen ist der Abstand von Grundlinie zu Grundlinie. Je nach Schrifthöhe fällt deshalb der Zeilenzwischenraum für verschiedene Schriften auch ganz unterschiedlich aus.

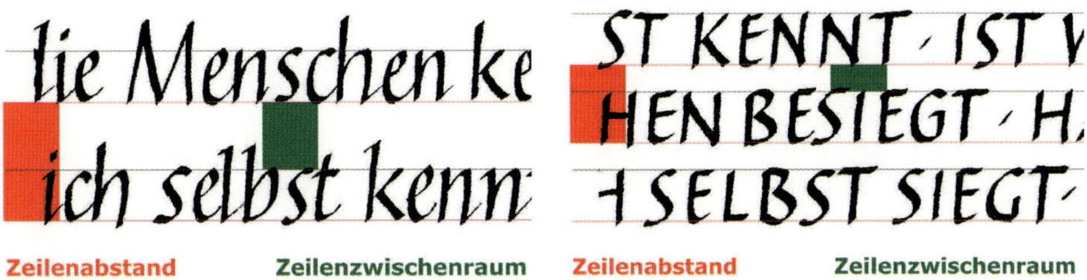

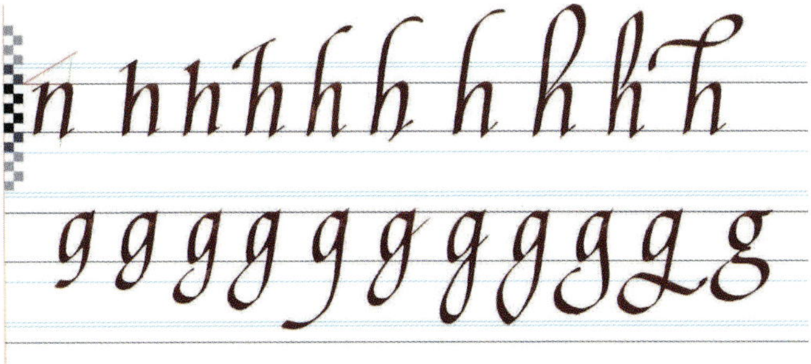

Ober- und Unterlängen kön-nen die unterschiedlichsten Schwungformen ausbilden und lassen sich innerhalb eines Textes auch frei mischen – eine der Stärken der Kalligraphie.

Gestische Elemente bei Großbuchstaben

Auch das „Grundgerüst“, die ursprüngliche Konstruktion eines Großbuchstabens, kann durch gestische Elemente bzw. Zierelemente erweitert werden. Zierelemente sind nach meinem Verständnis angesetzte Schmuckteile, die eng an der Konstruktion, am Buchstaben bleiben und nicht wesentlich darüber hinauswachsen.

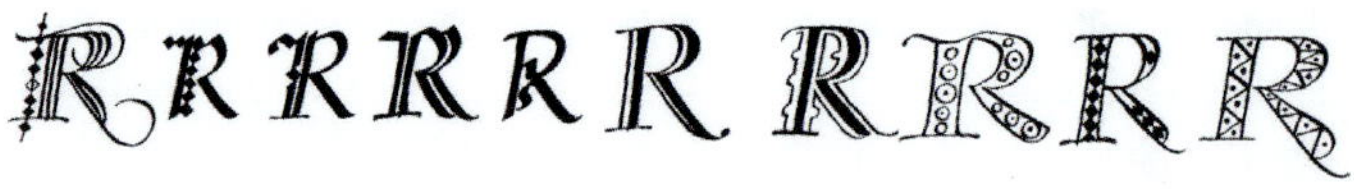

Bei den hier gezeigten R-Variationen wird der Buchstabenkörper zur Verzierung genutzt.

Gestische Elemente benötigen dagegen Platz um den Buchstaben, also Fläche, um ausholen zu können. Die untenstehenden Beispiele zeigen einige Möglichkeiten, mit gestischen Elementen zu arbeiten.

Die rot angesetzten Teile sind gestische Elemente, die sich entweder aus Teilen des Buchstabens entwickeln oder daran angesetzt werden. Zur besseren Darstellung der Konstruktion verwende ich hier den Schnurzugstrich.

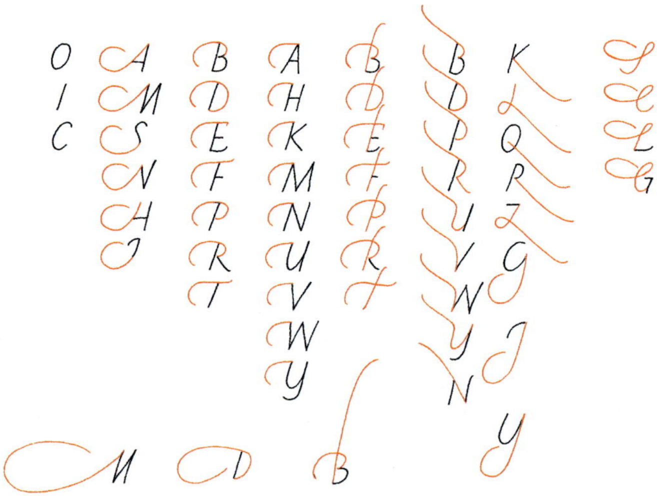

Das erste und zweite D zeigen die ungeschmückte, bzw. serifenerweiterte Form. Die 3. Form ist spannungslos in der Mitte geteilt, bei der 4. ist die Geste fragwürdige, sie greift nicht wirklich aus und wirkt eher wie ein Zierelement. 5. und 6. sind in einem Verhältnis von gestischem Raum und Buchstabenform, sie wirken deshalb spannungsvoll.

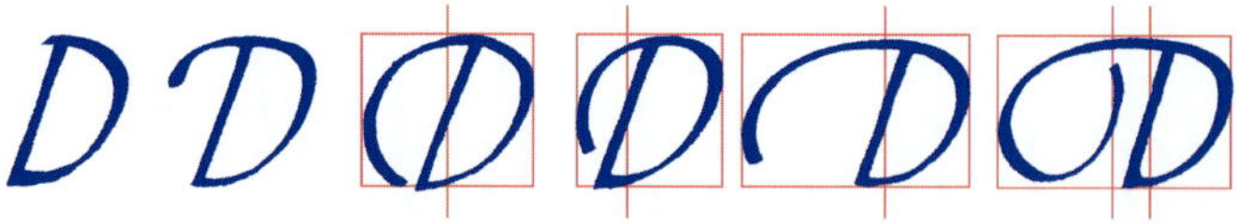

Die Aspekte der Blattgestaltung

Die Gestaltung einer Kalligraphie ist ungleich komplexer, als sich dies im Rahmen eines Einsteigerbuches darstellen ließe. Betrachten Sie Ihr Blatt einfach wie eine Bühne, auf dem ein Hauptakteur und verschiedene Nebendarsteller agieren. Die nachfolgenden Seiten zeigen Ihnen verschiedene Aspekte wie Blattformate, Akzentuierungen, Hierarchien, Blatteinteilungen und Anwendungsbeispiele für den einfachen Aufbau einer Kalligraphie ohne Berücksichtigung von Farbhintergründen und illustrativen Elementen – ausschließlich mit Schrift.

Hoch- oder Querformat?

Die erste Entscheidung, vor der Sie stehen, wenn Sie ein Schriftblatt gestalten möchten, betrifft das Format. Hoch- oder Querformat? Quadratische Formate sind meist weniger spannungsvoll. Daher eignen sie sich eher für Texte mit ruhigen Inhalten. Das Hochformat ist dynamischer und sollte ebenfalls dem Inhalt entsprechen.
Diese einfache Einteilung gibt natürlich nur einen ersten Anhaltspunkt und wird mit Sicherheit nicht allen Möglichkeiten und Anforderungen gerecht; trotzdem kann sie helfen, mit einer Blattgestaltung zu beginnen.

Tipp

Sie sind noch unentschieden, welches Format Sie wählen wollen? Hören Sie in den Text hinein, wie er sich anfühlt. Aufgeregt, ruhig, düster, freudig, monoton, heftig, bescheiden, ...?

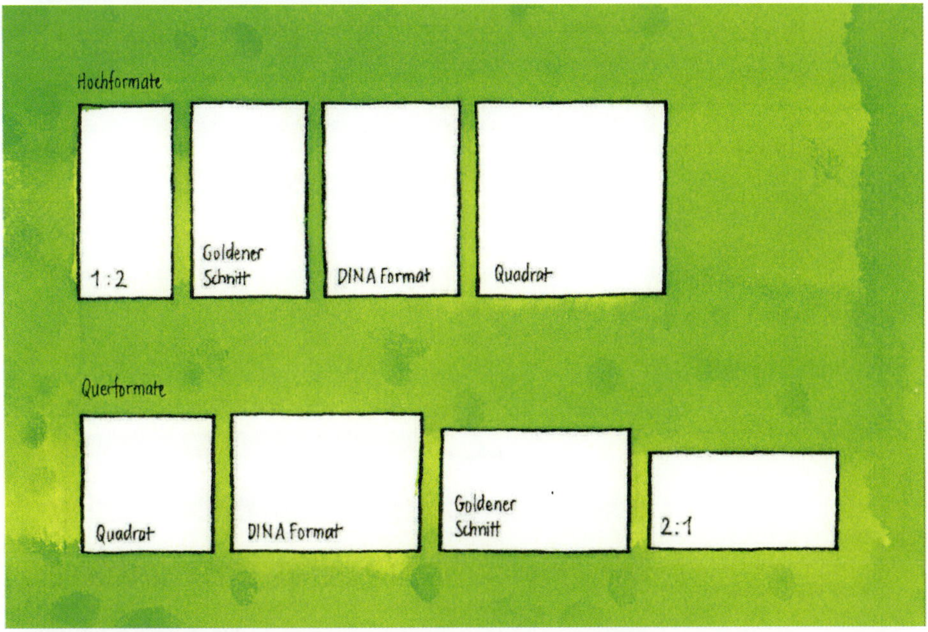

Blattformate haben eine wichtige Bedeutung für die Interpretation des Textes. Hochformate sind im Ausdruck eher dynamisch, Querformate eher ruhig.

Vorüberlegungen zur Blattgestaltung

Es ist in jedem Fall angebracht, sich bereits im Vorfeld Gedanken über die spätere Blattgestaltung zu machen und eventuell sogar eine kleine Skizze, einen Vorentwurf, anzufertigen. Ich selbst verwende für solche Skizzen einen Zimmermannsbleistift, mit dem sich schöne, breite Linien ziehen lassen.

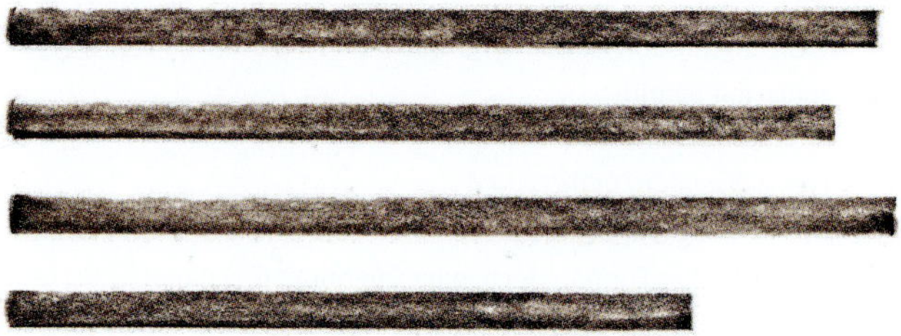

Linien, die sich am Gliederungsprinzip des Goldenen Schnitts orientieren, können beim Bildaufbau ebenfalls hilfreich sein (siehe auch Seite 47)

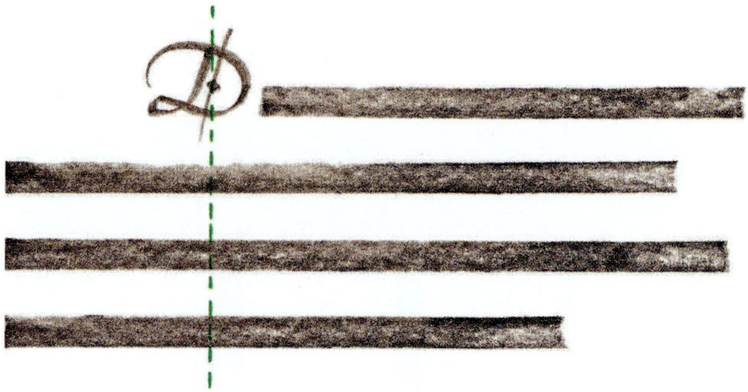

Mit wenigen Akzenten lässt sich ein Text in eine Balance bringen. Natürlich stehen geeignete Buchstaben nicht immer an passender Stelle. Da heißt es dann improvisieren.

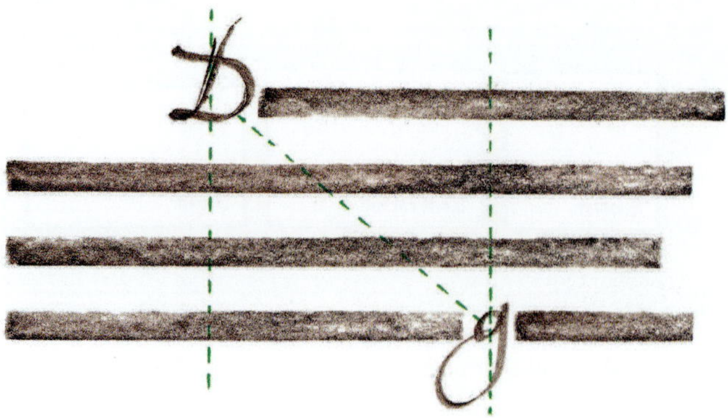

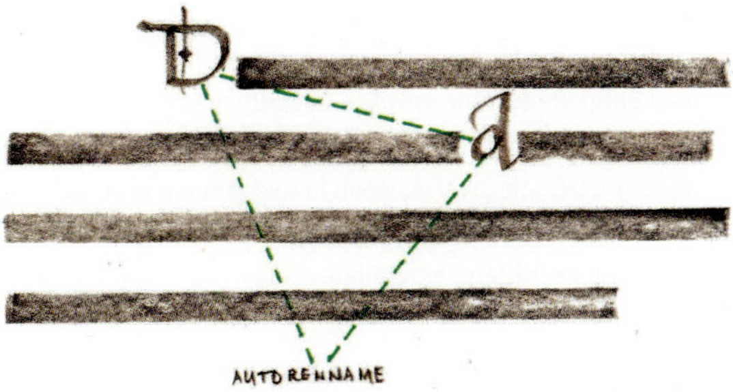

Die Akzente bilden einen harmonischen Dreiklang.

Auch bei komplexeren Strukturen lohnt es sich, nach Ordnungs- und Hierarchie-kriterien zu suchen, um dem Text eine ausgewogene Struktur zu verleihen.

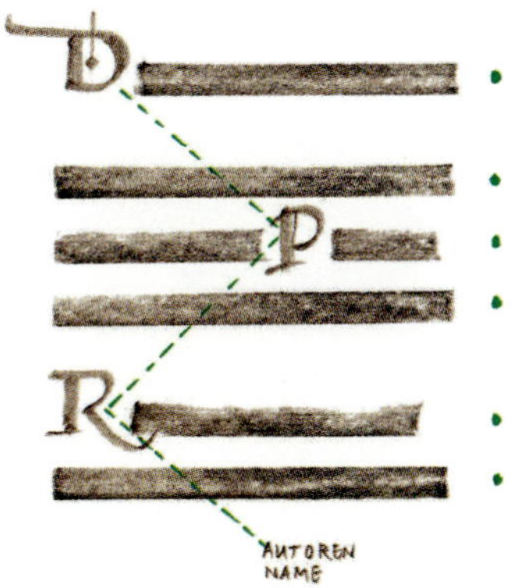

Tipp

Die grundlegende Frage, die Sie sich stellen müssen, lautet: Was ist für meine Interpretation am wichtigsten? Alles hervorzuheben bedeutet am Ende, nichts hervorzuheben. Sie werden deshalb Entscheidungen treffen müssen.
Autorennamen müssen den Text nicht immer abschließen.

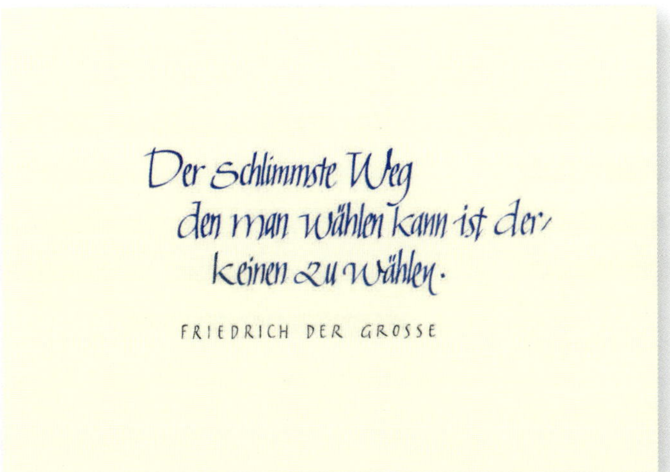

Hier wurden alle Wortanfänge breit geschrieben – somit ist keine Entscheidung getroffen, alles wurde hervorgehoben und damit ist nichts hervorgehoben.

Eigene Akzente setzen

Verzichten Sie als Einsteiger auf schräge Kanten und Zeilen, sie können gestalterisch schnell entgleiten – eine gewisse Gestaltungssicherheit sollte dafür erst entwickelt werden. Zuweilen treten solche Abstufungen manchmal ungewollt auf, beispielsweise, wenn in Gedichten mehrere Zeilen nacheinander immer länger bzw. kürzer enden und eine Diagonale bilden. Hier können Sie durchaus gestaltend eingreifen.

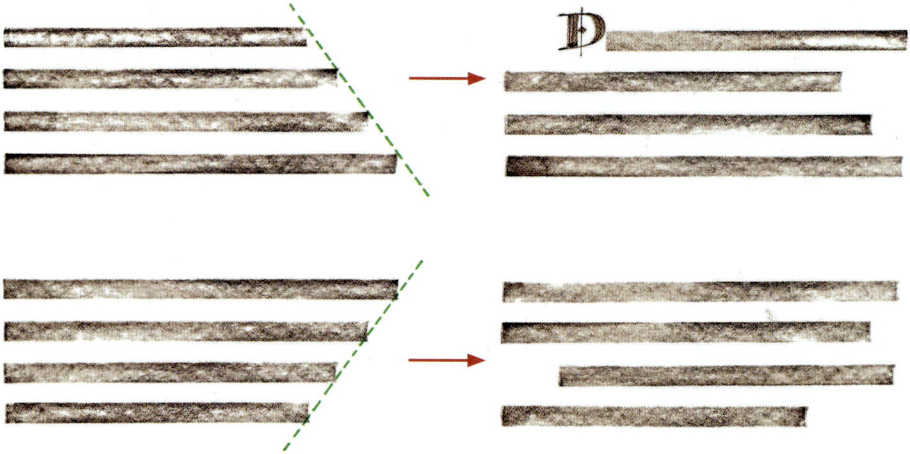

Falls Zeilen in einer diagonalen Abstufung enden, empfiehlt es sich, dem gestalterisch entgegenzuwirken.

Gleiches gilt, wenn alle Zeilen mit dem gleichen Buchstaben beginnen und dadurch einen senkrechten Akzent erzeugen. Sie können dies entweder gestalterisch nutzen oder aber eine andere Form wählen. Für Kochrezepte bietet sich diese Akzentuierung an, dort entstehen am Zeilenanfang durch die Mengenangaben der Zutaten oft Wiederholungsformen.

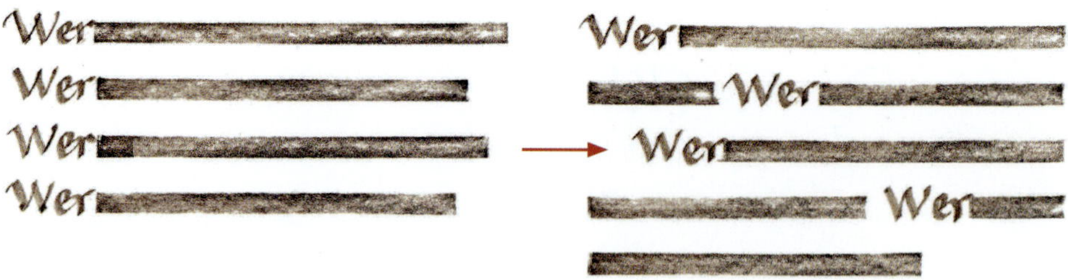

Durch Wortwiederholungen am Zeilenanfang lassen sich Akzente setzen. Wird dies nicht gewünscht, suchen Sie nach anderen Möglichkeiten der Verteilung.

Der Goldene Schnitt

Sicher haben Sie auch schon vom Goldenen Schnitt gehört. Dieses Gliederungs- und Teilungsprinzip war bereits im Altertum bekannt. Mit seiner Hilfe versuchte man, ein ästhetisches Gesetz beim Bau des menschlichen Körpers oder im Wachstum von Pflanzen zu finden. Der Goldene Schnitt gilt bis heute als Inbegriff von Ästhetik und Harmonie. Setzen Sie dieses Gestaltungsprinzip gezielt ein.

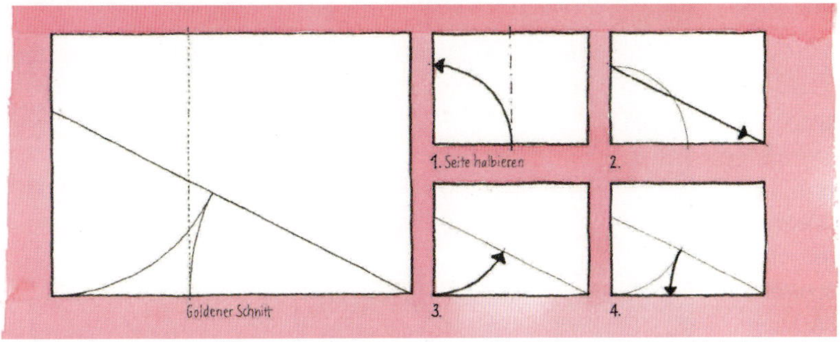

Der Goldene Schnitt ist die Teilung einer Strecke in zwei Abschnitte, und zwar so, dass der kleinere Abschnitt sich zum größeren Abschnitt verhält wie dieser zur gesamten Strecke. Das Verhältnis zwischen den Strecken bildet den Goldenen Schnitt (1:1,618 oder 0,681 : 1). Und so konstruieren Sie den Goldenen Schnitt:

1. *Auf dem Blatt wird die senkrechte Mitte eingetragen, anschließend mit dem Zirkelmittelpunkt in der linken unteren Ecke mit Radius bis zur Mitte der Viertelkreis an den linken Blattrand angetragen.*
2. *Diesen Punkt verbinden Sie mit der rechten unteren Ecke.*
3. *Der nächste Kreismittelpunkt ist jetzt der Schnittpunkt dieser Linie am linken Blattrand, der wiederum diese Verbindungslinie schneidet.*
4. *Zuletzt setzen Sie die Zirkelnadel in die rechte untere Ecke und legen den Radius an dem in Schritt 3 entstandenen Schnittpunkt fest. Jetzt drehen Sie den Zirkelstift zum unteren Blattrand. Dort erhalten Sie den Teilerpunkt für den Goldenen Schnitt. Der untere Blattrand zeigt jetzt links die kleinere Teilstrecke und rechts die größere.*

Ein Initial, also ein ausgestalteter Anfangsbuchstabe, muss nicht linksbündig stehen, er kann seinen Platz auch am Teiler des Goldenen Schnitts haben. Längere Texte können ebenfalls am Teilerpunkt getrennt werden. Im nachstehenden Beispiel könnte sich beispielsweise an diesem prominenten Platz der Name des Empfängers einer Urkunde befinden.

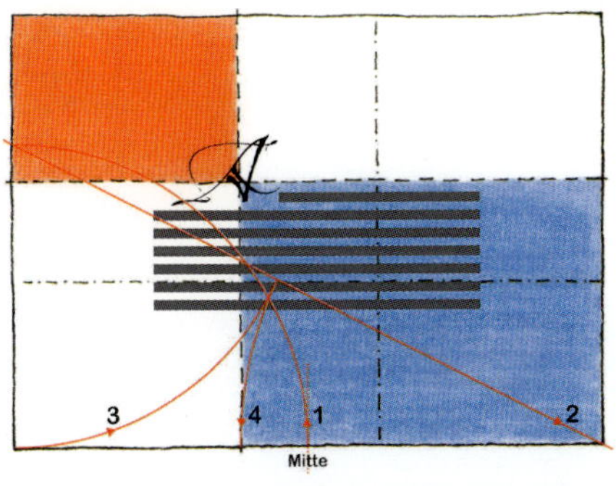

Ein nach den Regeln des Goldenen Schnitts platziertes Initial ist in jedem Fall ein Hingucker. Die farbig angelegten Flächen sind hier kein Gestaltungsmittel, sondern verdeutlichen das Spannungsverhältnis in Bezug auf das Initial.

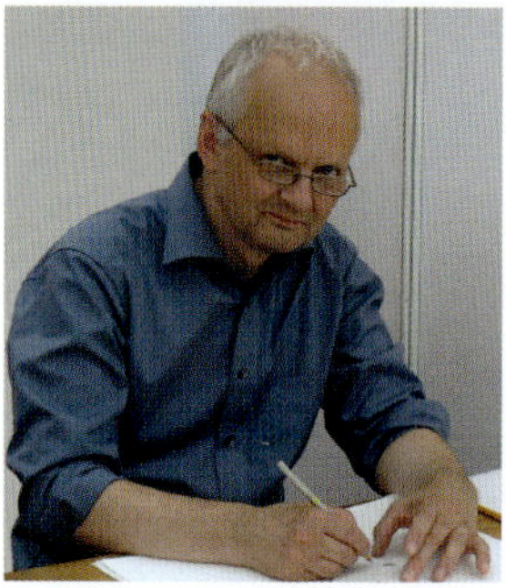

Andreas Lux, geboren 1959 in Heil-bronn, Studium und Diplom der Fachrichtung Architektur, staatlich geprüfter Informations-Designer, selbstständig als Schriftkünstler und Schriftdesigner, lebt und arbeitet seit 1999 im schwäbischen Eningen unter Achalm. Er entwirft Schriften und Logos und gestaltet im Auftrag von Firmen, Verlagen und Werbeagenturen Schriftzüge für viele besondere Anlässe.
Ab 1985 besuchte Andreas Lux zahlreiche Weiterbildungen bei international renommierten Künstlern, die ebenfalls im Bereich Schriftkunst tätig sind. Seit etwa 20 Jahren leitet er Kurse und Seminare für Schriftgestaltung bei verschiedenen Bildungseinrichtungen, Firmen und Akademien in Süddeutschland und Österreich. Öffentliche Schreibvorführungen auf ausgewählten Kunstmärkten und Messen sowie Ausstellungen, Veröffentlichungen und Vorträge zu Kalligraphie und Schriftgeschichte ergänzen seinen Tätigkeitsbereich.

www.Andreas-Lux.de

TOPP – Unsere Servicegarantie

WIR SIND FÜR SIE DA! Bei Fragen zu unserem umfangreichen Programm oder Anregungen freuen wir uns über Ihren Anruf oder Ihre Post. Loben Sie uns, aber scheuen Sie sich auch nicht, Ihre Kritik mitzuteilen – sie hilft uns, ständig besser zu werden.

Bei Fragen zu einzelnen Materialien oder Techniken wenden Sie sich bitte an unseren Kreativservice, Frau Erika Noll.

Telefon: 0711 / 123 757 20*

E-Mail: hilfe@frechverlag.de

Das Produktmanagement erreichen Sie unter:

pm@frechverlag.de oder:
frechverlag
Produktmanagement
Dieselstr. 5, 70839 Gerlingen
Telefon 07 11 / 8 30 86 68

LERNEN SIE UNS BESSER KENNEN!

Fragen Sie Ihren Hobbyfach- oder Buchhändler nach unserem kostenlosen Magazin Meine kreative Welt. Darin entdecken Sie dreimal im Jahr die neuesten Kreativtrends und interessantesten Buchneuheiten.

Oder besuchen Sie uns im Internet! Unter www.topp-kreativ.de können Sie sich über unser umfangreiches Buchprogramm informieren, unsere Autoren kennenlernen sowie aktuelle Highlights und neue Kreativtechniken entdecken, kurz – die ganze Welt der Kreativität.

Kreativ immer up to date sind Sie mit unserem monatlichen Newsletter mit den aktuellsten News aus dem frechverlag, Gratis-Bastelanleitungen und attraktiven Gewinnspielen.

IMPRESSUM

FOTOS: lichtpunkt Michael Ruder, Stuttgart (S. 2, 3 unten rechts, 4, 5, 6, 7, 12, 13 unten, 32), Fotolia (S. 13 oben links, © moodboard; 28 unten links, © sinuswelle), Istock (S. 13 oben rechts, © Mark Stay; S. 28 oben, © creativeArchetype; S. 28 zweites von oben, © Jenny Swanson und S. 28 unten rechts, © FotoAta), frechverlag GmbH (S. 3, 5 links), Andreas Lux (restliche Abbildungen)

PRODUKTMANAGEMENT UND LEKTORAT: Lisa Schmidt, Laura Musto

COVERGESTALTUNG: Eva Grimme

SATZ: Jessica Siebert

2. Auflage 2023

FSC www.fsc.org MIX Paper from responsible sources FSC® C147812

Penguin Random House Verlagsgruppe
FSC® N001967

Die digitalen Inhalte zu diesem Buch stehen in der TOPP Digitalen Bibliothek unter www.topp-kreativ.de/digibib zur Verfügung.
Der Freischalte-Code lautet: 9908